한국어 문화어휘와 중국어 번역

本书为中国辽宁省教育厅科学研究一般项目“以框架语义理论为依托的外宣文化词语韩译研究”(W2015104) 的阶段性成果; 为大连外国语大学“中韩比较文化研究”创新团队项目成果之一。

한국어 문화어휘와 중국어 번역

| **서준[1](徐俊)** 지음 |

1 作者简介：徐俊，中国大连外国语大学韩国语系副教授。 研究方向：韩中翻译、认知语义学。

HU:iNE

머리말

경제 세계화라는 큰 배경 아래 각국 각 민족 사이의 관계와 교류가 더 넓어지면서 경제 세계화가 일으킨 '문화 세계화'를 광범위하고 열렬하게 토론하게 되었다. 문화 홍보는 소리 없이 국제무대에서 유력한 경쟁 무기가 되어가고 있다. 문화 전파는 거대한 경제 수익을 창출할 뿐 아니라 국가 이미지, 국가의 국제적 지위를 높일 수 있다.

한국 정부는 지난 1990년대부터 해외 발전 전략으로 '문화 입국'이라는 외교 정책을 제시하며 각종 국제적인 활동을 통해 적극적으로 한국의 문화홍보를 시작했다. 그리고 커다란 성공을 거두었다. 하지만 문화 교류가 원활하게 이루어질 수 있는 가장 큰 요인은 수많은 번역가가 부지런히 통번역 활동을 하면서 문화 간의 가교를 해주었기 때문이다. 그러나 여전히 적지 않은 중국인이 한국과 한국의 문화에 대해 오해와 의문을 가지고 있는 것은 사실이다. 예를 들어 '김치', '한복', '성형수술'을 하면 중국인 머릿속에 '한국'을 떠올리겠다만 '왜 한국인의 밥상에 김치가 없어서 안 되는가?', '한복은 여자들만 입는 옷이 아닌가?',

'한국 여자들이 다 성형수술을 받는가?' 등 의문들도 많다는 것이다. 그 외에 한국인에게 익숙한 문화이며 한국 전통 문화의 상징인 '탈춤'이나 '윷놀이' 등에 대해 대부분 중국인이 매우 생소하게 느낀다. 한중 양국의 교류가 몹시 활발하게 진행해왔음에도 불구하고 서로에 대해 서로의 문화에 대해 더욱 깊이 이해할 필요가 있다고 한다.

문화어휘가 독자들에게 다른 나라나 민족의 문화를 해독하는 창문을 열어줄 수 있다. 문화어휘는 한 민족이나 사회집단의 문화를 함축적으로 내포하고 있다. 문화어휘의 번역은 해외에서의 문화 홍보 효과와 문화 전파에 직접적이고 큰 영향을 준다. 적절한 번역은 민족 문화의 친화력을 보여줄 수 있고, 문화 전파를 촉진시킬 수 있다.

문화어휘 번역은 종래부터 번역학계의 난제로 많이 다루어졌다. 이 책은 한국 문화어휘의 중국어 번역에 나타난 문제점을 분석하고 이를 바탕으로 중국인 독자들에게 더 나은 번역 방법을 고찰하는 데 목적을 두고 있다. 이를 위해 한국 정부에서 간행한 한국의 해외 홍보물을 대상으로 문화어휘를 유형별로 분류하였으며 중국인 독자들의 설문조사를 통해 문제점을 도출해 내었다. 그리고 스코포스 이론(Skopos Theory)[2]에서 다루는 소

2 스코포스 이론(Skopos Theory)은 1980년대 초반에 독일에서 번역의 목적에 관심을 가지기 시작하면서 페르미어(Vermeer)는 번역이란 "원천텍스트에 기반을 두는 번역적 행위(translational action)의 한 형태이며(Nord 1997:19-7), 이 행위는 목적(Skopos)이 있어서 또 '목적성이 있는 행위의 이론'이라고 하였다(Nord 1997:20-1). 페르미어(Vermeer)는 일반적인 원칙으로서 목적론적인 개념인 목표, 목적, 의도, 기능을 스코포스라는 총칭적 개념 하에 포섭하면서 이 개념들이 동등한 가치를 지닌다고 간주하였다(Nord 1997:20-17). 또한 모든 번역은 특정 독자를 대상으로 하며 번역행위는 목표문화권에서 목표독자에 적합한 텍스트를 생산하는 것이라고 말하였다(Nord 1997:48-3).

통적 번역[3]의 시각에서 문화어휘의 번역을 프레임이론에 접목시켜 문화어휘의 번역 전략을 모색하고자 한다. 즉, 프레임이론의 관점에서 출발 언어인 한국어와 도착 언어인 중국어 사이의 문화어휘의 상관관계 유형을 밝히고, 중국인을 대상으로 한국 정부의 해외 홍보물(중국어판)에서 쟁점이 되는 문화어휘 번역에 대한 설문조사를 진행할 것이다. 이를 통해 문화어휘 번역의 수용정도를 고찰하고 나아가 프레임이론의 관점에서 가독성 재고를 위한 문화어휘 번역의 개선 방법과 방향을 제안하고자 한다.

이 책이 빛을 볼 수 있게 된 것은 많은 분들의 도움과 격려 덕분이다. 번역학의 세계로 이끌어주신 중국상하이외국어대학교 한국어학과 김기석(金基石) 교수님, 한국외국어대학교 통번역대학원 김진아 교수님, 중국베이징대학교 한국어학과 상민(张敏) 교수님, 항상 큰 가르침을 주시고 학문적 사고를 길러주신 한국외국어대학교 김재욱 교수님, 학문과 인생의 스승이시고 항상 아낌없이 도와주신 사이버한국외국어대학교 원종민 교수님께 깊은 감사를 드린다. 또한 이 책이 출간될 수 있도록 수차례에 걸쳐 꼼꼼히 교정해주신 한국외국어대학교 지식출판원에도 깊은 감사의 마음을 전한다.

2016년 5월

徐俊

[3] 소통적 상호작용(Communicative interaction)은 수신자가 자신의 상황과 그 소통적 상호작용이 충분히 합치성이 있다고 해석하는 경우에만 성공적인 것으로 판단할 수 있다. '합치성 규칙'은 번역이 수신자의 상황과 합치한다는 의미에서 수용 가능해야 한다고 말하고 있다. '어떤 것과 합치한다(Coherent with)'는 것은 수신자 상황의 '일부'라는 것과 유사한 의미를 가진다. 텍스트 간 '합치성(Intertextual coherence)' 또는 '충실성(Fidelity)'이라고 부른다(Nord 1997:54-2).

차례

1. 서론

1.1. 들어가는 말

이 책은 한국 문화어휘의 중국어 번역에 나타난 문제점을 분석하고 이를 바탕으로 중국인 독자들에게 더 나은 번역 방법을 고찰하는 데 목적을 두고 있다. 이를 위해 한국 정부에서 간행한 한국의 해외 홍보물을 대상으로 문화어휘를 유형별로 분류하였으며 중국인 독자들의 설문조사를 통해 문제점을 도출해 내었다. 그리고 프레임이론의 시각으로 기존 번역의 문제점을 살피고 대안이 될 수 있는 번역 전략을 모색하였다.

언어와 문화는 상호 의존하며 상호 영향을 미치는 불가분적인 관계이다. 언어와 문화의 밀집한 관계를 제일 잘 표현할 수 있는 언어 단위가 어휘인 만큼 서로 다른 문화의 차이도 어휘에서 제일 두드러지게 나타난다. 특히 전형적인 문화어휘는 문화를 대표하는 상징성을 띠고 있다. 예를 들어 '만리장성(长城)', '치파오(旗袍)'와 같은 단어에서 사람들은 중국을 연상하게 되고 '김치', '한복'에서는 한국과 한국의 음식 문화, 복식 문화를 연상하게 될 것이다. 이처럼 문화어휘는 번역에서 우선 고려되어야 할 대상이다. 문화어휘는 한 민족, 한 사회단체의 문화를 함축적으로 내포하고 있으므로 대외 홍보용 문화어휘의 번역은 문화 전파에서 국가 이미지를 세우는데 직접적인 영향을 미친다. 적절한 번역은 민족 문화의 친화력을 보여줄 수 있고, 올바른 문화 전파에 촉진 작용을 일으킬 수 있다. 반면에 잘못된 번역은 문화 전파에 장애 요소가 될 수도 있고, 심지어 오해와 반감을 불러일으킬 수도 있다.

한국의 전통 민속놀이인 '윷놀이'의 번역을 예로 들면, '윷놀이'는 한국어 교과서와 한중사전에 '尤茨' 또는 '掷柶游戏'로 번역되어 있다. 전자 '尤茨'에 대해 글자의 뜻을 따른 것인지 단어의 발음을 적은 것인지 중국 독자들은 알 수가 없다. 후자 '掷柶游戏'의 표현에서 독자들은 '掷'라는 글자를 통해 무엇을 던져서 노는 놀이라는 것은 알 수 있지만, 무엇으로 하는 놀이이고 놀이 규칙이 어떤지에 대해서는 정확하게 알 수 없다. 이러한 문제점이 생기는 이유는 양국 간에 존재하는 문화적 공백으로 인해 번역자가 목표 언어에서 적절한 번역 어휘를 찾을 수 없기 때문이라 여겨진다.

또한 한국어의 '고무신'은 중국어 '胶鞋'로 번역되는 경우가 많은데, 중국의 『汉典』[4]에 의하면 '胶鞋'는 고무로 만든 신발을 지칭하는 것으로 보통 한국의 '장화'와 같은 개념으로 볼 수 있다. 또 이것은 군대에서 군화로 주로 사용되기 때문에 '解放鞋'라고 불리기도 한다. 중국어의 '胶鞋'와 한국어의 '고무신'은 서로 의미가 다른데 재료가 같다는 이유로 고무신을 '胶鞋'로 번역하는

---

4 胶鞋: 用橡胶制成的鞋，通常指雨鞋。有时也指橡胶底布面的鞋。——《汉典》

것은 적절하지 않다고 본다. 중국 독자들 또한 '胶鞋'라는 번역을 보고 한국의 '고무신'을 떠올리지 못할 것이다. 그 외에 고무신은 또 '皮鞋', '钩头胶鞋'로, 육개장은 '牛肉汤', '辣肉汤', '细丝牛肉汤'으로, 식혜는 '米酒', '酒酿', '甜米水'로 각각 번역되어 있다.

위의 예처럼 문화어휘의 번역은 보편적인 공식이 아닌 번역자에 의한 임의적인 방법으로 이루어지고 있으며, 같은 문화어휘임에도 다양하게 번역되고 있다. 번역자는 문화 전달 메시지를 생산하는 전문가로서 실제 번역 작업 과정에서 종종 광범위한 영역에 대한 결정을 내릴 것을 요구받게 되는데(Stolze, 2011:201), 실제 번역 현장에서 문화 간의 커뮤니케이션을 책임지고 있는 번역자들이 어떻게 문화 간의 가교 역할을 수행하고 있는지에 대한 구체적인 답변을 듣기는 쉽지 않다. 또한 실제 번역 수행 과정에서 어려움이 발생했을 때 어떠한 노하우를 택해야 할지에 대한 대답 역시 명확하지 않다.

이에 이 책에서는 한국 해외 홍보물 텍스트에 나타난 문화어휘를 유형별로 분류하여 그것들의 번역 방법 및 그것으로 인한 문제점을 분석한 후 그 결과가 번역 현장에서 어떤 시사점을 가지는지 살펴볼 것이다. 더 나아가 문화어휘의 번역을 프레임이론에 접목시켜 프레임이론의 시각으로 기존의 문제점을 살펴보고 좀 더 나은 번역 전략을 모색하고자 한다.

1.2. 이 책의 구성

이 책의 서론 부분에서는 이 책을 쓰게 된 의의 및 필요성을 밝히고 이 책의 구성 및 연구 방법을 제시하였다.

제2장에서 문화어휘 번역의 이론적 배경 및 연구의 현황에 대해 고찰하였다. 먼저 해외 홍보물 번역의 목적, 홍보물 번역의 네 가지 특징을 밝혔고 해외 홍보물을 번역할 때 스코포스이론의 적합성에 대해 논의하였다. 해외 홍보물 번역은 일종의 소통번역이며 그 목적은 국가 간의 소통, 교류, 협력을 촉진하는 데 있다. 따라서 해외 홍보물 번역은 소통이 목적이라는 것을 알 수 있다. 그러므로 목표 언어 독자를 중심으로 하고 목표 독자가 원문의 내용을 수용하도록 번역해야 할 것이다. 다음으로는 이 책의 이론적 토대가 되는 프레임이론의 백과사전적 의미관을 소개하고 뒷부분에서 진행할 예시 분석을 위한 포석으로 프레임의 개념, 구성과 특징에 대해 살펴보았다. 의미는 번역의 핵심 문제이고, 의미의 이해는 문맥을 떠나 할 수 없다. 전통 언어학의 사전적 견해와 대조하여, 인지언어학의 백과사전적 의미관 즉 프레임이론은 언어의 의미는 한 지식체계로 보고 이 지식체계에는 언어적 지식뿐만 아니라, 언어 이외의 사회문화적 지식, 문맥 등도 포함되어 있다. 때문에 프레임이론에 의한 프레임 구성요소의 분석이 의미를 이해하는 문맥을 구현시킬 수 있어 번역 연구에 새로운 경로를 만들어내 주었다. 그러므로 이 책에서는 프레임 구성요소를 분석함으로써 문화어휘의 번역 방안을 제시하고자 한다.

그 다음으로 학자들의 연구서를 통하여 문화어휘의 개념과 문화어휘의 분류방법, 문화어휘의 일반적인 번역 전략을 살펴보았다. 더 나아가 본 연구에서 문화어휘의 선정 기준, 분류 방법, 번역 전략에 대한 분석 방법을 밝혔다.

제3장에서는 실제 자료 분석을 통해 문화어휘 번역에서 쟁점이 되는 어휘들을 선출하였다. 한국 정부에서 발행한 홍보물 번역물에 나타난 문화어휘를 연구 대상으로 선정하기 위해 한국국제교류재단에서 발행한 계간지 『Koreana』(2011년 봄호~2014년 여름호)의 중국어판과 한국 해외문화홍보원에서 2009년에 전자책으로 발간한 『韩国文化指南』, 2013년에 전자책으로 발간한 『韩国的昨天与今天』을 대상으로 자료 조사를 하였으며 유형별로 일차적 정리를 하였다. 그 다음으로 자료 분석을 통해 독자로서의 필자가 쟁점이 되는 번역어와 두 개 이상의 번역어가 존재하는 어휘들을 유형별로 다시 정리하였다. 『Koreana』등 해외 홍보물을 선정한 이유는 한국어 문화어휘에 대한 번역을 이와 같은 자료에서 제일 대표적으로 찾아볼 수 있기 때문이다.

제4장에서는 독자들의 수용 정도를 알아보기 위해 중국인 원어민을 대상으로 조사한 번역어에 대한 설문조사를 진행하였으며 독자들이 번역된 문화어휘를 제대로 이해하고 있는지 여부를 살펴보았다. 설문조사를 통해 독자들이 이해하지 못한 번역어와 일차적으로 정리한 두 가지 이상의 형태로 번역된 번역어를 이 책의 분석 대상으로 선정하였다. 그리고 번역자들이 문화어휘를 번역할 때 대한 번역 방법을 직역, 음역, 의역 세 가지 유형별로 나누어 각자의 문제점을 규명하였으며 과다하고 과도한 직역으로 인해 자료에 나온 한국 문화어휘의 중국어 번역이 도착 문화권 독자들의 기대와 차이가 있다는 사실을 밝혔다.

제5장에서는 설문 조사 결과를 토대로 Fillmore의 프레임이론을 문화어휘 번역에 적용시켜 가독성 재고를 위한 문화어휘

번역의 개선 방법과 방향을 제시하였다. 프레임이론 시각으로 언급된 문제점들을 유형화하여 오역 그리고 난해한 번역어가 나타난 원인을 분석하였다. 그리고 향후 번역자들이 번역 전략과 방법을 선택할 때 충분히 고려할 수 있는 바람직한 방향과 구체적인 개선 방안을 제시하였다. 마지막으로 본 연구의 의의와 한계, 연구 결과의 향후 활용 방안을 제시하며 결론을 맺었다.

2. 문화어휘 번역의 이론과 실제

2.1. 해외 홍보물 번역

이 책은 해외 홍보물에 나타난 문화어휘를 분석대상으로 선택하였다. 본격적인 서술에 앞서 해외 홍보물 번역이 무엇인지 그리고 어떤 특징이 있는지, 그 외에 해외 홍보물 번역시 지켜야 할 번역원칙으로는 어떤 것이 있는지 등에 대한 논의가 필요하다고 여겨진다.

2.1.1. 해외 홍보물 번역에 대한 이해

우선, 해외 홍보 번역의 논의를 간단하게 살펴보겠다. 황우의(黄友义)(2004)는 "중국 경제, 사회가 전면적으로 발전되고 해외 교류가 끊임없이 심화됨에 따라 많은 중국 관련 각종 정보를 외국어로 번역해야 한다. 이 같은 정보들은 도서, 정기 간행물, 신문, 방송, TV, 인터넷 등의 미디어 및 국제회의를 통해 대외적으로 발표되고 전파되는데, 이것이 바로 해외 홍보물 번역이다

(2004:24).”[5]라고 하였고, 증이사(曾利沙)(2007)는 “해외 홍보물 번역은 중국의 정치 경제, 국방, 문화, 교육 등 발전 상황을 해외에 영어로 소개하고, 각급 정부에서 출범한 정책, 대외 교류 활동을 공고하며 통보하는 것이다. 그 외에 각 지방 정부가 투자유치, 여행 상품 홍보, 각종 국제 활동 및 업종 전람 활동을 홍보하거나 기업이 해외 홍보 및 제품 소개 등을 목표로 번역하는 활동을 말한다(2007:44).”[6]라고 하였다. 중국 국무원 조계정(赵启正) 장관은 한 인터뷰에서 “중국에서 ‘해외 홍보’의 의미는 ‘소통’이다. 즉 해외 홍보는 ‘소통’을 통해 외국 독자에게 객관적인 사실을 알리는 것이다. 소통은 기분을 맞추는 것이 아닌 사실을 전달하며 자기의 주장을 제시하는 것이다. ‘해외 홍보’의 의미는 첫째, 사실을 전달하는 것이며 둘째는 ‘우의’를 위해 다리를 놓아 주는 것이다. 독자가 중국을 이해하도록 세계 속에 중국의 문화를 알리고 독자의 오해와 편견을 없애 중국을 정확하고 객관적으로 이해하도록 하는 것이다(2004:5)”.[7]라고 하였다.

둘째, 해외 홍보물 번역은 문화적 장벽을 최대한 제거하는 것

5 外宣工作中的翻译有一个突出的特点， 即基本上都是中译外， 也就是把大量有关中国的各种信息从中文翻译成外文， 通过图书、期刊、报纸、广播、电视、互联网等媒体以及国际会议。황우의(黄友义)(2004:24)

6 对外宣传翻译包括政治经济、国防科技、文化教育等发展状况的对外介绍、各级政府的相关政策公告及对外交流活动的信息通告或各地市政建设宣传、招商引资与旅游宣传、各种国际性活动及行业展览活动宣传或公司与乡镇企业的对外宣传及产品介绍等等。증이사(曾利沙)(2007:44)

7 在中国，“外宣”的意义相当于“沟通”，通过“沟通”告诉外国读者一些客观事实。沟通不是讨好，是对事实的真诚的说明。当然还要有观点。“外宣”的意义一是传播事实，二是传播“友谊”。首先要发挥信息功能，给读者提供足够的真实的信息，让外国读者了解中国的同时，向世界展示中国的文化和文明，使读者对中国有一个正确的客观的了解，消除误会，消解偏见，增强国际间的友谊，树立我国的正面形象。조계정(赵启正)(2004:5)

을 목적으로 한다. 번역자는 대상 언어의 독자와 원어 독자의 사회 문화적 배경이 다르다는 점을 인식하고 목적 언어 독자를 귀착점으로 하여 문화의 배경 지식을 제공해야 한다.

문화와 언어는 밀접한 관계가 있으며 문화는 '표면 문화(기물문화), 중간층 문화(제도문화), 심화층 문화(관념문화)' 세 가지 단계로 구분할 수 있다. 대상 언어 문화의 청중이 해외 홍보 내용을 이해하고 감상하고 수용할 수 있도록 해외 홍보물 번역은 최대한 문화적 장벽을 제거하고 대상 언어 문화의 청중이 만족하고 인정할 수 있게 번역되어야 한다. 그래야만 제대로 된 홍보 효과를 얻을 수 있다.

셋째, 해외 홍보물 번역에는 분명한 대상이 있다. 해외 홍보물 번역은 외국인을 대상으로 이루어지므로 내국인을 대상으로 하는 홍보물과 차이가 있다. 번역된 홍보물을 보게 될 독자에 대한 이해가 해외 홍보물 번역에 앞서 중요한 전제라 할 수 있다. 해외 홍보물 번역의 중점은 텍스트 자체가 아닌 독자이다. 이 특성은 역사에게 원문 글자 그대로의 뜻에 구애빋지 않고 지자가 반영하는 객관적인 사실을 심도 있게 발굴하여 독자가 이해할 수 있는 방식으로 표현할 것을 요구한다. 여기에는 원문에 내포된 정보를 표현하거나 원문의 오류를 교정하는 일, 다른 해석을 제거하는 일 등이 포함된다. 즉, "信(정확함)" 또는 "達(통달함)"이 번역의 표준이 되어야 하는 것이다. 번역자는 해외 홍보 자료의 문화 전고(典故), 역사 사건, 지리 명칭, 풍습, 더 나아가 특수 용어, 속어, 전문용어 유행 어휘까지 독자의 구체적인 상황에 따라 적절하게 해석해야 한다.

번역의 핵심 문제는 번역 방법의 선택이다. 번역 방법으로는 '직역', '의역', '의미 번역' 또는 '소통 번역'이 있다. 피터 뉴마크는

비(非)문화 번역은 진상을 밝히는데 중점을 두고 있다고 하였다. 원문을 반영하거나 반영해야 할 객관적인 사실을 정확하게 재현한다는 것이다. 그는 문학 번역은 의미 번역을 위주로 하고 비문학 번역은 소통 번역을 위주로 한다고 밝혔다. 소통 번역의 특징은 독자를 중심으로 하고 내용을 중시하며 원문에 대한 삭제, 추가 또는 대체 등 수정을 허용하는 것이다. 이러한 번역 방법은 정보성 텍스트 또는 호환성 텍스트에서 번역문과 대상 언어의 문체가 일치될 것을 요구한다.

넷째, 홍보 대상국에 따라 독자의 문화에 대한 수용 능력이 차이가 난다는 점도 고려해야 한다. 중국인 독자를 목표로 하는 번역은 서양 독자를 목표로 하는 번역과 다를 수밖에 없다. 전자는 문화적 친근감을 가지는 반면에 서양 독자들에게 한국문화는 낯설게 다가갈 수 있다. 그러므로 번역 전략을 선택할 때 독자의 수용에 맞게 번역 전략을 취해야 한다.

2.1.2. 해외 홍보물 번역에서 스코포스 이론의 적합성

1980년대 초반 독일의 페르미어(Vermeer)는 번역의 목적에 관심을 가지면서 번역은 원천텍스트에 근거한 행위로서 어떠한 '목적(Skopos)'이 있다고 주장하였다. 모든 번역은 특정 독자를 대상으로 하며 번역행위는 목표문화권에서 목표독자에게 적합한 텍스트를 생산하는 것이라는 것이다(Nord, 1997:20). 즉 스코포스 이론에 의하면 번역의 주된 목적은 소통(Communicative Purpose)이며 독자를 중심에 둔 것이 스코포스 이론의 가장 큰 특징이라고 할 수 있다. 그리스어에서 'skopós(스코포스)'는 '목적', '목표'를 뜻한다(Katharina Reiß, Hans J. Vermeer, 2010:87). 페르미어(Vermeer)

는 번역을 하나의 행위로 간주하였고 어떤 행위에는 분명한 목적이 있다고 보았다(Katharina Reiß, Hans J. Vermeer, 2010:86). 또한 그는 행위 스코포스는 행위 방식보다 우위에 있으므로 통번역 목적을 달성하는 것이 통번역 실행 방식보다 중요하다고 보았다(Katharina Reiß, Hans J. Vermeer 2010:91). 따라서 번역에서는 수신자 또는 독자가 번역의 목적을 결정하는 가장 중요한 요소가 된다. 스코포스 이론은 독자 중심의 실용적 차원에서 번역의 목표를 제시한 것으로서 이 이론을 통해 목표 언어의 독자에 따라 번역 전략이 달라져야 함을 알 수 있다.

이러한 스코포스 이론은 목적이 분명한 해외홍보물 번역이 취해야 할 번역 전략을 뒷받침해준다. 해외 홍보물과 관련해서 보았을 때, 해외 홍보물 번역은 일종의 소통 번역이며 그 목적은 국가 간의 소통, 교류, 협력을 촉진하는 데 있다. 소통 번역에서는 목표 언어의 독자를 중심으로 그들이 원문의 내용을 수용할 수 있도록 번역을 해야 한다.

지금까지 기능주의 번역론의 관점에서 목적성을 우위에 둔 스코포스 이론이 해외 홍보물 번역에 적합함을 살펴봤다. 해외 홍보물의 번역은 분명한 홍보 목적과 외국인 독자가 있으므로 홍보 목표가 달성되도록 외국인 독자의 문화적 특성을 고려하여 번역해야 한다.

2.2. 문화어휘 번역 연구

인류 언어의 보편적 현상 중의 하나인 어휘에 내포되어 있는 문화의 의미에 대한 고찰을 통해 언어 속에 숨겨져 있는 언어의 신비성에 접근해 볼 수 있다. 이 장에서는 문화어휘의 개념과 분류에 대해 논의하면서 본고의 연구대상을 명확히 하고자 한다.

2.2.1. 문화어휘에 대한 정의

1960년대 후반 언어 연구 영역에서 문화에 대한 논의가 증가하며 이에 동반하여 '문화어휘(Cultural vocabulary)'라는 개념이 대두됐다. 미국의 번역가 Nida와 영국의 학자 Newmark가 최초로 문화어휘 연구를 시작한 대표적인 학자라고 할 수 있다. Nida는 어휘를 'terms'라고 하며 자연스러운 어휘번역의 시각에서 어휘를 세 가지 유형으로 분류하였다. (1) 출발 언어와 목표 언어에 모두 존재하는 어휘 유형으로 'river(강)', 'tree(나무)', 'stone(돌)' 등이 있고, (2) 의미가 비슷한데 문화적 차이가 있는 어휘 유형으로 'book(책)'과 scroll(두루마리)', 'house(집)'과 'shack(판잣집)' 등이 있으며, (3) 문화적 특성이 있는 어휘로 'synagogue(시너고그)', 'igloo(이글루)'를 예로 들 수 있다(Nida, 1964:167)[8].

---

[8] A natural translation involves two principal areas of adaptation, namely, grammar and lexicon.(중략) The lexical structure of the source message is less readily adjusted to the semantic requirements the receptor language, for instead of obvious rules to be followed, there are numerous alternative possibilities. There are in general three lexical levels to be considered: (1) terms of which there are readily available parallels, e. g. river, tree, stone, knife, etc.; (2)

Newmark는 문화를 '특정한 언어를 사용하는 공동체의 고유한 삶의 방식과 표현'이라고 정의하였다. 그는 최초로 문화어휘(cultural vocabulary)라는 개념을 제시하였고 언어를 문화적 언어, 일반적 언어, 개인적 언어로 나누었으며, 어휘 'live(살다)', 'mirror(거울)'와 같은 일반적 어휘와 'steppe(특히 유럽 동남부·시베리아의 스텝 지대)', 'dacha(러시아의 시골 저택)'와 같은 문화적 어휘로 나누었다(Newmark, 1988: 94)[9]. 그리고 다시 문화어휘를 (1) 생태계(식물, 동물, 언덕, 바람), (2) 물질적 문화(의식주, 마을, 운송수단), (3) 사회적 문화(직업, 레저), (4) 단체 활동, 관습, 절차, 개념(정치적, 종교적, 예술적인 활동), (5) 몸짓과 태도로 분류하였다(Newmark, 1988: 95)[10].

한국에서의 문화어휘 연구 상황을 살펴보면, 김효중(2004:37)

---

terms which identify culturally different objects, but with somewhat similar functions, e. g. book, which in English means an object with pages bound together into a unit, but which, in New Testament times, meant a long parchment or papyrus rolled up in the form of a scroll; and (3) terms which identify cultural specialties, e. g. synagogue, homer, ephah, cherubim, and Jubilee, to cite only a few from the Bible (Nida, 1964:167).

9 I define culture as the way of life and its manifestations that are peculiar to a community that uses a particular language as its means of expression. More specifically, I distinguish 'cultural' from 'universal' and 'personal language'. 'Die', 'live', 'star', 'swim' and even almost virtually ubiquitous artefacts like 'mirror' and 'table' are universals - usually there is no translation problem there. 'Monsoon', 'steppe', 'dacha', 'tagliatelle' are cultural words - there will be a translation problem unless there is cultural overlap between the source and the targe language (and its readership).

10 However, in this chapter I shall be discussing the translation of 'foreign' cultural words in the narrow sense. Adapting Nida, I shall categorise them and offer some typical examples: (1) Ecology (Flora, fauna, winds, plains, hills: 'honeysuckle', 'downs', 'sirocco') (2) Material culture (artefacts) (a) Food (b) Clothes (c) Houses and towns (d) Transport (3) Social culture – work and leisure (ajaki amah, condotttere, biwa, sithar, raga) (4) Organisations, customs, activities, procedures, concepts (5) Gestures and habits ('Cock a snook', 'spitting')

은 문화어휘의 개념으로 '문화소(Cultural specific items)'라는 용어를 사용하였음을 찾아볼 수 있다. 여기에서는 문화어휘를 '어느 특정한 상황에서 특정한 이해 그리고 이에 상응하는 행위를 유발시키는 어느 언어권의 모든 문화적, 사회-경제적 소여성(gegebenheit)'이라고 규정하였다.

이근희(2008:248)는 문화 관련(Culture-bound) 어휘를 '원천언어를 사용하는 사회 공동체의 역사, 사회, 경제, 정치 언어관습 등을 둘러싼 고유한 특정 문화에서 비롯된 어휘'로 정의하고 있으며 '문화어휘'를 문화소의 개념으로 사용하였다.

박영준(2000)은 문화적 어휘를 '문화적 어휘 1: 문화와 관련된 어휘나 표현'과 '문화적 어휘 2: 문화적 배경의 차이에 따라 나타나는 어휘나 표현'으로 규정하였다.

강현화(2002)는 한국어 교육 측면에서 문화어휘를 구체적으로 한국어 교육에 반영하여야 할 문화적 요소나 문화적 배경을 담고 있는 어휘로 보았다.

이동규(2005)는 문화어휘를 문화물이나 문화요소를 지칭하는 어휘뿐만 아니라 속담, 관용어와 같이 다른 언어에도 있지만 한국어 담화상황에서 사전적 의미뿐만 아니라 2차, 3차적 의미로 쓰이는 어휘라고 정의를 내렸다.

정예희(2007)에서는 일상어휘나 문화어휘의 상징성을 분석해 낸 것을 한국문화 상징어휘로 보고 있으며, 한국문화 상징어휘로는 전통과 현대의 일상문화를 반영하는 모든 어휘들이 그 대상이 될 수 있고, 그 어휘들은 한국의 역사, 사회, 관습, 문화, 제도 등으로부터 영향을 받아 사전적 의미 외에 상징 의미를 담고 있어야 한다고 보았다.

심혜령(2009)에서는 '문화기반어휘'란 용어를 사용하고 있는

데, 이는 한국어 교육의 차원에서 바라본 개념으로서, 모국어 화자들의 문화와 경험의 산물로 나타난 어휘들을 총칭하는 것으로 개념화하였다.

중국에서는 문화어휘를 '국속어휘(国俗词语)', '문화어휘(文化负载词语)' 혹은 '문화한정어휘(文化限制词语)'라고 부르기도 한다.

요칠일(廖七一)(2002:232)은 문화 한정 어휘를 "어떤 문화 속의 특유한 사물을 단어, 구 및 관용어로 명시하고 특정 민족의 긴 역사적 과정 속에서 점점 축적되어 내려와 기타 민족 또는 독특한 활동 방식에 적극적으로 반영되는 것"이라고 보았다.

진건민(陈建民)(1989)은 문화어휘는 사회문화의 의미를 포함하는 어휘라고 보고 문화의미는 사회가 부여한 어휘의 파생적 의미, 비유적 의미, 연상적 의미, 상징적 의미, 감성적 색채와 문체 색채 및 특유의 함의를 가리킨다고 하였다.

왕덕춘(王德春)(1998:1)은 한 국가의 정치, 경제, 문화, 역사 및 풍속과 관련되어 있으며 민족 문화의 특색을 지닌 어휘를 문화어휘라고 보고 있다.

상경우(常敬宇)(1995)는 문화어휘를 특정 문화 범주의 어휘라고 하였으며 민족문화가 문화어휘에 직·간접적으로 영향을 미친다고 보았다. 문화어휘는 일반어휘와 몇 가지 다른 특징을 가지고 있다고 하였는데, 첫째, 문화어휘는 명확한 민족문화 정보를 표현하고 또 심층적으로 민족문화의 함의를 내포하고 있다. 둘째, 문화어휘와 민족문화는 여러 가지 면에서 물질적 문화, 제도적 문화, 심리적 문화 등의 발생관계를 포함한다. 어떤 어휘는 해당 민족문화를 직접적으로 표현하는데, 그 예로는 중국어의 '용(龍)', '만리장성(萬里長城)', '화표(華表)' 등이 있다. 어떤 어휘들은 민족문화를 간접적으로 표현하는데, 그 예로는 중국어에서 비유적 의미를 비교적 잘 나타내고 있는 빨간색, 흰색, 노란색, 검은색 등 색채어휘, 상징적 의미가 강한 소나무, 대나무, 매화, 난 등을 들 수 있다. 또 어떤 어휘는 여러 문화와 근원적 관계를 이루고 있는데, 그 예로는 문화 고서에서 나온 "필력이 강하다", "공자 앞에서 문자 쓴다", 그리고 종교에서 나온 '돈오(顿悟)', '수생(修生)', '윤회(轮回)'등을 제시할 수 있다.

앞서 논의한 내용들을 다시 한 번 살펴보면 문화어휘의 개념으로 '문화 한정 요소', '문화 관련 개념', '국속어휘(国俗词语)', '문화 한정어휘(文化限制词语)', '문화 관련 어휘' 등의 다양한 용어들을 확인해 볼 수 있다. 이러한 용어들은 좁은 의미에서 문화어휘의 범위에 대한 확정이다. 상술한 정의를 통해 다음과 같은 결론을 얻을 수 있다.

첫째, 문화어휘는 전속성을 가지고 있다. 즉, 문화어휘는 어떤 언어 공동체에 속하며, 그 단체는 공동으로 소속된 자연과 사회 환경에서 동일하거나 유사한 사회 경력을 획득한다. 둘째, 문화어휘는 뚜렷한 사회적 속성을 띠고 있다. 즉, 문화어휘는 사람들의 사회 활동(정치, 경제, 법률, 예술, 종교 활동 등)의 산물이다. 셋째, 문화어휘 결핍과 문화어휘의 연상적 의미 차이는 다문화 소통에서 해결해야 할 핵심 문제이다. 즉 문화어휘는 언어 사용 단체가 사회 활동(정치, 경제, 법률, 예술, 종교 활동 등) 과정에서 직접 또는 간접적인 경험을 쌓아오면서 개념화된 민족적 특성을 띤 어휘들이다. 사회성과 단일성은 문화어휘의 큰 특징이라고 할 수 있다. 문화어휘의 단일성은 문화어휘가 원천 언어 문화권에만 존재하는 어휘이고 문화어휘의 사회성은 문화어휘가 언어를 사용하는 사회단체에 종속하는 것이다. 즉 모두 영어를 모국어로 사용하는 영국과 미국 사회에서 그 문화어휘가 서로 다를 수도 있고 같은 문화어휘인데도 의미의 차이가 있을 수도 있다. 이 책에서는 한국 문화를 효과적으로 홍보하는 것을 목표로 하여 번역 문제를 다루는 것이기 때문에 단어 차원의 문화어휘에 국한하여 고찰해보고자 한다.

문화어휘는 목표 문화권에 존재하지 않는 개념이거나 원천 문화권의 특정어휘나 표현들이기 때문에 문화어휘의 번역은 종래부터 번역자[11]들이 어려워하는 부분이라고 할 수 있다.

2.2.2. 문화어휘에 대한 분류

문화어휘에 대한 분류는 각 학자마다 조금씩 차이를 보인다.

Newmark(1988:94)는 문화어휘를 다섯 가지 유형으로 분류하고 있는데 (1) 생태계적 관점으로 '식물', '동물', '언덕', '바람' 등의 어휘, (2) 물질적 문화로 '의식주', '마을', '운송수단' 등의 어휘, (3) 사회적 문화로 '직업', '레저' 등의 어휘, (4) 정치적, 종교적, 예술적 문화로 '단체 활동', '관습', '절차', '개념' 등의 어휘, (5) '몸짓과 태도' 등의 어휘가 그것이다.

Stolze(2011:195)는 문화적 차이에서 나타나는 문화소의 부등성에 의해 문화어휘를 세 종류로 나누었다. (1) 실제적 부등성:

---

11 현재 '번역을 하는 사람'을 지칭하는 용어로는 '번역자', '번역가', '번역사'가 있다. '번역자'는 '전문적이거나 직업적인 자격을 갖추지 않은 사람이 부수적인 업무의 일부로서 혹은 외국어 학습 등을 목적으로 번역을 수행하는 사람'을 의미하며 '번역가'는 '번역에 능하여 일정 수준 이상의 번역 능력을 가진 것으로 인정받는 사람'을 지칭한다. 반면에 '번역사'는 전문적인 훈련 과정을 거쳐 번역을 직업으로 하는 사람이다(정호정, 2008:60). 이 책은 번역을 하는 사람들에게 문화어휘의 번역 전략을 제시하는 것을 목표로 하기 때문에 더 넓은 의미에서 '번역자', '번역가', '번역사'를 포함한 일반적으로 번역을 하는 사람을 대상으로 다루고자 한다. 이하 '번역자'로 통일하기로 한다.

역어 문화권에 존재하지 않는 원어 문화권의 문화소, (2) 형식적 부등성: 역어 문화권에 문화소로 존재하지만 다른 언어적 형태를 지닌 문화소, (3) 의미적 부등성: 역어에서 원어의 뜻으로부터 일탈하거나 원하지 않는 연상작용을 일으키는 어휘가 그것이다. 이는 번역자가 특히 유의해야 할 사항으로서 문화 번역을 하려면 문화소를 인식하고 이해하고 있어야 한다.

한국에서는 이근희(2008:248-249)가 비교적 상세하게 문화어휘를 분류하였는데 다음과 같다.

(1) 고유명사: 특정 인물, 건물, 조직, 단체, 저서 등의 이름과 관련된 어휘
(2) 특정 문화와 관련된 어휘: 의식주, 지역, 사회, 관습 등과 관련된 어휘
(3) 특정 사건이나 인물과 관련된 어휘
(4) 관용어: 관습적으로 쓰이는 속담, 유행어, 은어, 관용구 등과 관련된 어휘
(5) 도량형의 단위: 화폐, 거리, 높이, 중량 등의 어휘

중국에서는 이사춘(李仕春)(2014:2)이 문화의 유형에 따라 문화어휘를 물질적 형태와 관련된 문화어휘, 제도적 문화와 관련된 문화어휘, 행위적 문화와 관련된 문화어휘, 심리적 문화와 관련된 문화어휘로 분류하였는데 상세히 보면 아래와 같다.

(1) 물질적 형태와 관련된 문화어휘: 건축물, 음식, 복식, 기구 등
(2) 제도적 문화와 관련된 문화어휘: 정치 제도, 경제 제도, 교육 제도 등

(3) 행위적 문화와 관련된 문화어휘: 예의, 풍습, 명절 등

(4) 심리적 문화와 관련된 문화어휘: 가치관, 사유방식, 민족적 성격 등

여러 학자들이 서로 다른 각도에서 문화어휘의 분류를 진행했지만 그 목적은 오로지 서로 다른 유형에 대해 적합한 번역 방법을 탐구하는 데 있다고 볼 수 있다. 서구 학자들의 분류에 비해 이근희, 이사춘(李仕春)의 분류는 더욱 세분화되어 있다. 이 책에서는 이사춘(李仕春)이 제시한 네 가지 영역의 열세 가지 문화어휘 종류에 따라 문화어휘를 수집하여 정리할 것이다. 그러한 까닭은 이 책의 연구 대상이 단어차원에 국한되어 있으며, 이사춘(李仕春)의 문화어휘 분류가 가장 세밀하나고 여겨지기 때문이다.

2.2.3. 문화어휘의 일반적 번역 전략

문화어휘에 대한 번역 방법은 이미 많은 연구 성과를 이루어 왔다.

먼저 '자국화(domestication)'와 '이국화(foreignization)'에 대한 논의를 살펴볼 수 있다. 1995년 미국의 번역 이론가 Venuti는 『The Translator's Invisibility』에서 '이국화법(foreignizing method)'과 '자국화법(domesticating method)'을 정식으로 제시하였다. 개괄적으로 말하자면, 이국화법은 역자가 원문 저자에 접근하게 번역하도록 요구하는 것으로, 저자가 사용한 원어(源语) 표현 방식으로 역문을 표현해야 하며 원어의 문화적 맛을 더 많이 보존해야 한다. 그러나 자국화법은 역자가 대상 언어 독자에 근접하게 번역하도록

요구하며 역자가 번역어 문화의 관용적 표현방식을 통해 원어를 전환할 것을 요구한다. 자국화는 본토 문화를 출발점으로 하고 정보 수용자를 핵심으로 하여 번역문을 생동적으로 표현할 것을 강조한다. 원문의 외국문화 색채와 언어 풍격 색채에 대한 문장을 삭제하거나 수정하여 텍스트를 본토 문화의 프레임 안에 국한시킨다. 그렇기 때문에 이국화는 대체로 직역과 같고 자국화는 대체로 의역과 같다. 표로 정리해 보면 아래와 같다.

[표 1] '자국화'와 '이국화' 번역 전략

번역 전략	구체적 내용	예시
이국화 (이화, 직역)	원문 저자에 접근	한복(韩服) 기러기 아빠(大雁爸爸)
자국화 (귀화, 의역)	수용자를 중심으로	불고기(烤肉) 팥빙수(红豆冰山)

앞서 언급한 대로 '자국화'는 독자의 수용성을 최대한 배려하여 독자가 번역텍스트를 수용하도록 하는 전략이고 '이국화'는 최대한 원천텍스트의 맛과 문체적 특징을 살리는 전략이다. 이 방법은 Franco(2007: 101-107)에 의해 제기된 보존성과 대체성과 일맥상통한다. 이러한 문제는 원천텍스트의 정보를 보존(conservation)할 것인지 아니면 목표 문화권 독자가 쉽게 수용하도록 친숙한 것으로 대체(substitution)할 것인가에 따라 두 부류로 나누어 설명할 수 있다. 보존의 하위전략으로는 (1) 반복(repetition), (2) 철자법의 적용(orthographic adaptation), (3) 직역(linguistic translation), (4) 텍스트 외적인 주석(extratextual gloss), (5) 텍스트 내 설명 첨가(intratextual gloss) 등 다섯 가지로, 대체의 하

위전략으로는 (1) 동의어나 유사한 표현 사용(naturalization), (2) 제한적 보편화(limited universalization), (3) 절대적 일반화(absolute universalization), (4) 생략(deletion), (5) 자율적 창작(autonomous creation) 등 다섯 가지로 세분되어 있다. 표로 정리해 보면 아래와 같다.

[표 2] '보존'과 '대체' 번역 전략

	번역 전략	구체적 내용	예시
보존	반복	그대로 쓰기	SK그룹(SK Group)
	철자법의 적용	원천텍스트의 표현을 목표텍스트 글자로 바꾸기	习近平(시진핑)
	직역	언어중심 번역	한복(韩服), 기러기 아빠(大雁爸爸)
	텍스트 외적인 주석	각주, 미주의 첨가	기러기 아빠(大雁爸爸)(孩子海外留学，妻子陪读，父亲独自留在国内赚钱，父亲每年到海外与家人团聚一、两次。人们将这样的父亲比做候鸟'大雁"，因而得名。境遇与中国的裸官相似。)
	텍스트 내 설명 첨가	내적인 주석	『대장금』 (电视剧《大长今》)
대체	동의어나 유사한 표현 사용		해금(二胡)
	제한적 보편화	친숙한 표현으로 번역	김밥(紫菜包饭), 얼짱(颜值高)
	절대적 일반화	모호 번역	한우(牛肉)
	생략	삭제, 번역 안 함	석수를 사왔습니다. (买回来纯净水了。)
	자율적 창작	재창조	난타공연(乱打秀)

2.2.4. 문화어휘 번역 연구의 현황

서양 학계에서는 문화어휘 번역 연구를 크게 문화어휘의 개념의의와 연상의의에 대한 연구문화어휘 번역의 대등 전략에 대한 검토 등으로 많이 다루어 왔다. M. Baker, E. A. Nida, L. A. Samover, P. Newmark, L. Venuti, M. Snell-Hornby 등이 대표적인 학자들이다. 이 책에서 한국어문화어휘의 중국어 번역을 주제로 다루는 만큼 한·중 양국에서의 문화어휘 번역에 관한 선행연구들을 연도순과 유형별로 정리해봤다.

2.2.4.1. 한국에서의 문화어휘 번역 연구

한국에서 문화어휘 또는 문화 관련 어휘에 대한 연구는 2007년 전후부터 활발히 이루어졌는데 주로 문화어휘의 번역 전략에 대한 연구와 검토가 주류를 이루고 있다.

황지연(2007)은 소설 『대장금』을 중국어 번역본과 비교하였으며 '호칭과 직책', '사물', '음식' 등 세 가지 영역의 문화어휘의 번역을 언급하면서 번역자가 택한 번역 방법이 귀화(demestication)인지 이화(foregnization)[12]인지에 대해서 고찰하였다.

담정유(2008)는 『조선문예』, 『민주조선』, 『조선문학』, 『메밀꽃 필 무렵』에 나타난 한국 문화어휘 중에서 [사랑방], [사랑채] 등에 나타난 [사랑]의 직역·의역 실태를 분석하였으며 그에 따른 문제점을 제시하였다.

김재희(2008)는 문화어휘의 종류와 기존의 번역방법을 밝히고

12 귀화는 위에서 언급한 자국화, 이화는 이국화다.

간행물 『코리아나』의 아랍어 번역텍스트 분석을 통해 문화어휘의 번역 방법을 정리하였다. 요리 어휘의 경우 (1) 음차 번역 후 관련 정보 삽입, (2) 토착어로 음차, (3) 의미 번역, (4) 음차 번역 후 의미 추가 삽입의 방법 등 네 가지로 번역 방법을 정리하였다. 또한 인명의 경우에는 (1) 완전히 다른 대응어로 번역, (2) 음차 후 추가 정보 삽입의 방법 등의 두 가지 방법을 제시하였다. 기타 지명과 고유명사는 음차 후 관련 정보를 삽입하는 방법을 적용했다고 밝혔다. 그리고 이 책에서는 각 방법이 사용되는 원인에 대해서 언어학적 분석을 하였다.

김재희(2010)는 광고 텍스트에 나타난 유형별 문화어휘의 번역 방법에 대해 분석을 하였고, 번역자들이 선호하는 번역 방법을 밝혔다. 그리고 번역 평가용 독자 설문조사를 통해 번역 결과물에 대한 학문적인 평가를 받았고, 번역자들에게 독자들이 제안한 다양한 의견을 전달하였다.

김진아(2010)는 2009년 한국관광공사에서 발행한 『음식점을 찾는 외국인 관광객을 위한 음식메뉴 및 접객문화』에 수록된 음식메뉴와 중국어 번역이 규범적이지 못하고 혼란스러운 면도 없지 않다고 지적하였다. 이 연구에서는 스코포스 이론에 근거하여 번역의 기능, 텍스트의 기능, 번역자의 기능의 관점에서 음식 메뉴의 중국어 번역의 문제점을 분석하였으며 단순한 음역보다는 음역+해석 방식의 번역 전략이 번역의 기능과 텍스트의 기능을 살릴 수 있다고 밝혔다.

김준길(2011)은 한국학의 중요한 개념과 용어를 중심으로 해외의 한국학이 시대별 발전 단계를 거치면서 유럽과 미국의 한국학 학자들이 사용한 영어 표현이 어떻게 전개되어 왔는가를 살펴보았다. 그리고 '동아시아 세계 속의 한국', '전근대 한국의 사회적 신분제도', '한국의 전통 가족제도', '한국 문학사' 그리고 '미술과 음악' 등 크게 여섯 가지의 범주로 구분하여 문화어휘를 살폈으며 기존 표현의 문제점을 밝히고 합리적인 영어표현을 찾아보는 시도를 하였다. 다만 아쉬운 점이 있다면, 이 논문은 번역학의 이론을 도입하지 못하고 개인적 경험만으로 논의를 전개하였다는 점이다.

정인영(2011)은 일본의 현대 작가 무라카미 하루키의 『ノルウェイの森』의 한국어 번역본을 중심으로 일본 문화관련 어휘들(고유명사, 호칭, 의식주 관련어휘)이 한국어로 번역된 양상을 분석하였으며 자국화와 이국화라는 기준의 분류가 아닌 각각의 번역 사례를 통해 번역 전략을 밝혔다.

김현정(2012)은 부산광역시청에서 발행한 부산의 도시 홍보 번역물에 나타난 문화관련 어휘의 번역에 대해 일본어 원어민을 대상으로 설문조사를 진행하였다. 설문조사를 통해 '한국어 발음의 가타카나 표기', '가타카나 표기'와 '보충설명의 병기', '가타카나 표기 없는 의미만의 번역' 등 세 가지 번역 방법을 비교하여, 한국어 발음의 가타카나 표기만을 제공한 번역어가 가독성이 비교적 높다고 밝혔다.

김근이수(2012)는 자막 번역의 특징을 살피고 실제 번역 사례를 통해 드라마 속에 등장하는 문화적 요소를 번역할 때 택하는 이국화, 자국화, 중화, 생략 등의 번역 전략이 어떻게 실현되었는지를 밝혔다.

곽순례(2014)는 혼인 관련 파트에 나타난 아랍 문화어휘의 특성을 설명하면서, 아랍어의 문화어휘 중 한국어와 등가어가 존재하는 경우와 부재하는 경우 두 가지로 분류를 하고 이에 따른 번역 전략을 논의하였다. 이 논문에서는 혼인 관련 파트에 나타난 아랍 문화어휘를 번역할 때 문맥과 상황에 따라 자국화 번역 전략과 이국화 번역 전략[13], 음역과 등가어의 합성 표현과 같이 자국화와 이국화의 중간 전략을 활용해야 한다고 밝혔다.

양창헌(2015)은 문화 특정어의 정의, 범주, 정보성 및 번역 전략의 매개변수에 대해 전반적인 분석을 하였다. 그리고 원천텍스트인 현기영의 『순이 삼촌』과 두 권의 목표텍스트 이정희의 『Sun-I Samch'on』과 송종도의 『Aunt Suni』를 아이헬라의 보존과 대체의 번역 전략을 토대로 구트의 적합성 번역이론[14] 틀인

---

13 Venuti는 번역자의 '가시성'에 관해 논의하면서 본격적으로 '자국화'와 '이국화' 전략을 소개하였다(Schleiermacher는 처음으로 '자국화'와 '이국화' 전략을 언급하였지만 구체적 논의를 선개하지 못하였음). "가능한 한 독자를 제자리에 두고 저자가 독자에 접근하도록 하는"번역 전략은 '자국화(domestication)'라고 하고 "이국 텍스트의 언어적, 문화적 차이가 받아들여지게끔 목표 언어의 문화적 가치에 압력을 가해 자민족 일탈(ethnodevitant)을 유도함으로써 독자를 이국으로 보내는" 것을 '이국화(foreignization)' 전략이라고 하였다. (Admitting (with qualifications like "as much as possible") that translation can never be completely adequate to the foreign text, Schleiermacher allowed the translator to choose between a domesticating method, an ethnocentric reduction of the foreign text to target-language cultural values, bringing the author back home, and aforeignizing method, an ethnodeviant pressure on those values to register the linguistic and cultural difference of the foreign text, sending the reader abroad (Venuti 1995:20).

14 Gutt의 적합성 번역이론: 구트는 스퍼브와 윌슨(Sperber & Wilson)의 적합성 이론을 번역학에 적용하여 번역을 설명하고 있는데 번역을 의사소통의 과정으로 보고 해석적 닮음(interpretive resemblance)이라는 개념을 번역에 적용하고 있다 의사소통과정에서 화자는 청자에게 적절한 자극을 생산하고 청자는 화자가 말하려는 의미를 추론하게 되는데, 이 과정에서 언어적으로 표현되고 있는 의미인 의미표상(semantic representation)과 명제(proposition) 형식을 나타내는 생각이 포함된다. (Thus in relevance theory the fact that on the hand linguistic expressions do have some meaning, and yet that this meaning is not necessarily identical to the meaning actually conveyed by that expression on any given occasion, is accounted for by the claim that verbal communication involves two distinct kinds of mental representations: semantic representations that are the output of the language module of the mind, and thoughts with propositional forms that are derived

직접번역과 간접번역에 기초하여 최적의 적합성에 부합하는 번역의 비율이 각각 얼마인지 그 이유가 무엇인지를 비교하여 분석하였다.

위에서 살펴본 문화어휘에 관한 논문들에서는 문화어휘들의 번역 전략 설명과 원문텍스트와 목표텍스트의 사례분석이 집중적으로 이루어졌다. 번역자의 번역 전략은 크게 '자국화'와 '이국화'로 나누어지고 있지만, 자국화와 이국화에 대한 상세한 전략들은 제시되지 않았다. 또 문화어휘에 대해 '문화소', '문화적 전제(cultura presuppositions)', '문화관련 요소(culture-bound elements)', '문화적 측면(cultural sepects)' 등 다양한 용어가 함께 사용되고 있는데, 이근희(2008)의 『번역의 이론과 실제』가 나오면서 점점 '문화관련 어휘'로 통칭되고 있었으나 '문화소'라는 표현을 같이 병용하기도 하였다.

2.2.4.2. 중국에서의 문화어휘 번역 연구

중국에서의 문화어휘 번역 연구는 주로 아래와 같은 두 영역에서 집중적으로 다뤄지고 있다.

첫째, 여러 번역문을 기초로 기존 문화어휘의 분류 체계에 따라 문화어휘의 번역 전략을 분석하고 번역 경향을 검토한 연구들이다.

서건국(徐建国)(2005)은 문화어휘의 분류 체계에 따라 『浮生六

from semantic representations by further processing. The way in which audiences get from semantic representations to propositional forms crucially involves the use of context (Gutt 2000:26).)

记』에서 나온 문화어휘들을 유형별로 정리하였다. 그 유형에 따라 정량 분석을 통해 번역자의 번역 전략을 정리하면서 라이스의 번역중심 텍스트 유형학[15]에 접목시켜 번역본에 사용된 번역 전략을 검토하였으며 문화어휘를 번역할 때는 교제 번역 전략을 위주로 하여야 한다고 주장하였다.

호쌍전(胡双全)(2009)은 양헌익(杨宪益)과 Gladys Yang 부부의 『홍루몽(红楼梦)』 120회 완역본을 원본으로 『홍루몽』의 문화어휘를 총 여덟 가지(인명, 지명, 중국 고대 문학 작품과 전통 희곡의 표제, 사교 예절과 풍속에 관련된 문화어휘, 시간에 관련된 문화어휘, 물질에 관련된 문화어휘, 관용어, 중국 종교에 관련된 문화어휘) 범주에서 1,154개 표제어로 나누었으며 번역자가 채택한 음역, 음역 주석, 직역 주석, 직역 해석, 의역, 생략, 어휘 추가, 뜻풀이, 대체, 종합 방법 등 번역 기교를 포함한 번역 전략에 대해 정량 분석을 하였다. 양씨 부부는 『홍루몽』에서 중국 특색의 문화어휘를 번역할 때, 자국화와 이국화를 융합시켜 이화를 위주로 하고, 귀화를 부차적으로 하는 번역 전략을 채택했다고 밝혔다. 이외에 란효홍(栾晓虹)(2000) 「문화어휘 및 문화어휘의 번역(文化词语及其翻译)」, 서아려(徐亚丽)(2007) 「문화어휘의 번역 전략(文化词语的翻译策略)」, 갑숙화(贾淑华)(2010) 「문화어휘의 분류 및 사전해석에서의 번역원칙(文化词的分类及其词典释义中的翻译原则)」, 진준(陈隽)(2008) 「동태대등과 중국어 문화어휘의 번역(动态对等与汉语文化词语的翻译)」등의 연구도 확인해 볼 수 있다.

---

15 라이스의 번역중심 텍스트 유형학은 번역학 문헌에서 특별한 반향을 불러 일으켰다. 그 기본적인 생각은 텍스트 구조가 번역에 영향을 미친다는 것이다. 라이스는 자신의 글에서 더 이상 문장들의 통사적-의미적 구조에 머무르지 않고, 텍스트를 좀 더 큰 단위로서 간주하고, 텍스트 유형 분류에 의해 접속된 좀 더 추상적인 텍스트들의 차이에 대해서 언급하였다(Radegundis Stolze 2011:101-102).

둘째, 문화어휘의 번역에 영향을 미치는 요소를 다루는 연구도 있다.

증기(曾奇)(2001)는 정량 분석의 방법으로 『유림외사(儒林外史)』에서 나온 중국어 속담을 정리하여 양헌익(杨宪益)과 Gladys Yang 부부의 번역본과 비교하였으며, 속담의 번역 방법을 유형별로 통계를 냈다. 그리고 통계의 결과에 근거하여 번역의 목적, 어원과 목표 언어의 문화 차이, 번역자가 두 문화를 대하는 태도, 번역자가 목표 언어 독자의 문화 배경을 예측하고 수용하는 정도 등의 네 가지 요소가 번역 전략에 영향을 줄 수 있다는 결론을 내렸다.

왕선(王婵)(2010)은 문화어휘 번역의 세 가지 요소인 '번역의 동기와 목적', '텍스트 유형', '독자'에 대해 검토하였고, '속담', '겸칭', '시간' 등의 표현에서 양국 문화의 차이점을 비교하였다. 그리고 영화 『황후화(满城尽带黄金甲)』의 영문 자막에 나타난 문화어휘의 번역 전략에 대해서도 간단하게 분석을 하였다.

위에서 살펴본 바와 같이 한국과 중국에서의 문화어휘 연구는 대부분 서양의 번역 이론 연구 성과를 기반으로 문화어휘의 번역의 경향, 즉 '귀화나 이화', '과잉이나 축소' 번역자가 어떤 번역 전략을 더욱 많이 취했는지에 대한 연구임을 확인해 볼 수 있다.

그러나 김진아(2010)가 주장한 것처럼 번역자는 번역 전략의 선택에 있어 텍스트의 언어적인 등가만이 아니라, 특정한 화용적인 환경에 처해 있는 원문텍스트에 대한 자세한 분석을 고려하여 커뮤니케이션의 기능에 도달하는 것을 목표로 하여야 한다. 즉 문화어휘 번역에 대한 연구는 텍스트 유형별로 또는 특정한 화용적인 상황을 고찰하는 시점으로 더욱 세분화될 필요가 있다고 생각된다.

2.2.4.3. 프레임이론에 접목한 문화어휘 번역 연구

Fillmore에 의하면 프레임은 인류 경험의 특정 문화와 관련되며, 어휘와 문법 등 언어적 표현과 대응하고, 언어로 활성화될 수 있으며, 의미를 이해하는 배경이 된다. 프레임이론에 대해서는 뒤에서 상세히 살펴보기로 하고 이 장에서는 이와 관련된 선행연구를 살펴보도록 하겠다.

유정하(俞晶荷)(2004)는 「프레임이론 연구와 번역 연구(框架语义研究与翻译)」에서 프레임이론의 시각으로 러시아어와 중국어의 시간 표현의 프레임 구성을 비교하였으며, 두 언어의 서로 다른 인지 프레임을 제시하였다. 이는 중국에서 처음으로 프레임이론을 번역 연구에 도입한 박사 논문이다.

왕입영(汪立荣)(2005) 「프레임이론 시각으로 본 번역 연구(从框架理论看翻译)」은 프레임이론을 어휘 연구에 도입한 대표적인 연구로서 프레임의 문화차이로부터 어휘 의미와 어휘 번역 문제를 다루었고, 프레임이론을 바탕으로 번역할 때 프레임의 일치와 대등에 대하여 주의를 기울일 것을 강조했다. 이는 어휘 오역의 원인과 문화의 차이를 이해하는데 도움을 줄 뿐만 아니라, 번역에 유용한 프레임 조정 모델을 구축하는데도 도움이 된다. 하지만 심층적인 분석을 이루지 못했고, 세밀하게 프레임 성분을 분석하지도 못했다는 아쉬운 점이 있다.

그 외에 성선정(成善祯)(2003)의 「프레임 의미 정보와 화용적 등가 번역(框架语义信息与语用等效)」, 요금(姚琴)(2007)의 「프레임이론과 등가번역—인지언어학 시각의 번역 연구(框架理论与等值翻译—认知

语言学视角下的翻译)」, 주영(周颖)(2008)의 「프레임이론에 의한 은유 번역(框架理论下的隐喻翻译)」, 위칭광(魏清光)과 구종덕(翟宗德)(2008)의 「의미, 프레임 그리고 번역교육(语义, 框架与翻译教学)」등의 연구는 프레임이론이 번역연구를 해석하는 데 응용될 수 있음을 충분히 보여주고 있다.

중국에 비해 한국에서 지금까지 프레임이론을 번역 연구와 연결시킨 연구 성과가 그다지 많지 않은 것으로 나타났다. 박정운(2013)의 「틀 지식과 은유의 번역: 인지언어학적 접근」 외에는 특별히 관련된 논문을 볼 수 없었다. 이 논문에서는 은유표현의 번역이 번역의 목적에 따라 목표텍스트에서 구현시키는 방식이 달라질 수 있다고 주장하였으며, 출발 언어와 목표 언어 사이의 네 가지 유형의 상호관계[16]를 예를 들어 제시하였다. 그러나 이 논문에서 은유 표현에 맞춘 번역 전략을 제시하지 못한 점은 아쉽다.

이 책에서는 스코포스 이론(Skopos Theory)에서 다루는 소통적 번역[17]의 시각에서 문화어휘의 번역을 프레임이론에 접목시켜 문화어휘의 번역 전략을 모색하고자 한다. 즉, 프레임이론의 관점에서 출발 언어인 한국어와 도착 언어인 중국어 사이의 문

---

16 네 가지 유형 관계: 첫째, 출발어 틀과 동일한 틀이 도착어에도 있다. 둘째, 출발어에 있는 틀이 도착어에 없다. 셋째, 출발어에 없는 틀이 도착어에는 있다. 넷째, 출발어의 틀에 상응하는 틀이 도착어에도 있지만 그 두 틀 사이에는 차이가 있다(박정운 2013).

17 소통적 상호작용(Communicative interaction)은 수신자가 자신의 상황과 그 소통적 상호작용이 충분히 합치성이 있다고 해석하는 경우에만 성공적인 것으로 판단할 수 있다. '합치성 규칙'은 번역이 수신자의 상황과 합치한다는 의미에서 수용 가능해야 한다고 말하고 있다. '어떤 것과 합치한다(Coherent with)'는 것은 수신자 상황의 '일부'라는 것과 유사한 의미를 가진다. 텍스트 간 '합치성(Intertextual coherence)' 또는 '충실성(Fidelity)'이라고 부른다(Nord 1997:54-2).

[표 3] Koller '일대영 대응' 번역 전략

번역 전략	구체적 내용	예시
출발 언어 표현을 목표 언어에서 그대로 받아들이는 번역 전략	반복의 전략	LG(LG)
차용 번역 전략	글자 그대로 번역하기	가야금(伽倻琴)
원천텍스트의 표현과 유사하거나 동일한 의미로 쓰이는 표현으로 번역하는 전략	의역의 방법	우골탑(象牙塔)
해석 전략	다시 쓰기, 새로운 정의를 하기	얼짱(颜值高)
적용 전략	목표독자의 습관에 맞게 번역하기	불고기(烤肉), 팥빙수(红豆冰山)

화어휘의 상관관계 유형을 밝히고, 중국인을 대상으로 한국 정부의 해외 홍보물(중국어판)에서 쟁점이 되는 문화어휘 번역에 대한 설문조사를 진행할 것이다. 이를 통해 문화어휘 번역의 수용 정도를 고찰하고 나아가 프레임이론의 관점에서 가독성 재고를 위한 문화어휘 번역의 개선 방법과 방향을 제안하고자 한다.

Koller는 '언어 문체상의 시각에서 본 번역가능성의 문제: 번역조작'(Koller, 2000:210)에서 두 언어에서 어휘적 차원에서의 관계를 '일대일 대응', '일대다수 대응', '다수대일 대응', '일대영 대응', '일대부분 대응'으로 유형화하였다. 문화어휘와 같은 경우는 아무래도 '일대영 대응'이 가장 많고 그 다음으로는 '일대부분 대응'일 것이다. 콜러는 '일대영 대응'을 특정한 나라에 따른 특유의 정치, 제도, 사회, 지리 등의 상황에 관한 표현이라고 하였으며 그에 대해 다섯 가지 전략을 제시하였다. (1) 출발 언어 표현을 목표 언어에서 그대로 받아들이는 번역 전략, 즉 앞에서 언급한 반복 전략이다. (2) 차용 번역 전략, 즉 원천텍스트의 표현을 글자 그대로 목표텍스트로 번역하는 방법이다. (3) 원천텍스트의 표현과 유사하거나 동일한 의미로 쓰이는 표현으로 번역하는 전략, 즉 의역의 방법이다. (4) 해석의 전략, 즉 원천텍스트의 표현을 목표텍스트에서 다시 쓰기를 하거나 새로운 정의를 하는 방법이다. (5) 적용의 전략, 즉 원천텍스트의 표현을 그대로 두고 목표텍스트의 관습에 맞게 바꾸어 고치는 전략이다.

그 외에 Harvey(2000:2, 곽순례(2014) 재인용)는 원천텍스트와 목표텍스트의 등가 구현에 목표를 두고 기능적 등가, 형태적 등가, 음역 또는 차용의 번역 전략을 제시하였다. 기능적 등가는 번역을 할 때 원천텍스트 문화권에서 인식되는 것과 비슷한 기능을 가진 목표텍스트 문화권의 어휘로 번역하는 것을 말하며, 형태적 등가는 단어의 치환이다. 음역과 차용은 각자 Franco(2007)가 언급한 철자법의 적용과 반복의 번역 전략이다.

위에서 언급한 번역 전략들은 문화어휘를 번역할 때 자주 사용되는 방법들이다. 서로 다른 각도에서 번역 방법에 대한 탐구를 진행한 것인 만큼 단순히 좋고 나쁨, 혹은 옳고 그름의 문제로 단정을 지을 수 없다. 번역 과정 전반을 살펴보면 번역자는 이 중의 어느 하나 또는 몇 가지 번역 전략에 치중될 수도 있지만 실제 번역 작업에서는 구체적인 상황과 문맥에 의해 적절한 번역 전략 또는 몇 가지 번역 방법을 절충하여 진행할 때가 더 많다.

상기의 번역 전략들이 한중 또는 중한 번역에서 얼마나 적용될 수 있을지, 그리고 텍스트 유형, 번역 목적 등에 따라 어떤 전략이 더 많이 쓰일지에 대한 연구는 아직 미흡하다고 할 수 있다. 각 언어별 특징에 맞는 세부적인 번역 전략이나 이론에 대한 연구를 지속적으로 하여야 할 필요가 있다고 본다.

이 책에서는 문화어휘의 번역 전략 연구를 프레임이론에 접목시켜 새로운 시각으로 문화어휘의 번역 전략을 알아본다.

2.3. 프레임이론과 문화어휘 번역

2.3.1. 백과사전적 의미관

Dirven(2005)은 인지언어학의 주된 흐름을 인지문법론, 인지의미론, 인지담화론, 인지사회언어학, 인지심리언어학 등으로 분류하였다. 인지의미론의 열 가지 주요 연구주제 중 하나인 백과사전적 의미관은 바로 '프레임이론'이다. 본문은 백과사전적 의미관을 전제로 논의할 것이다.

의미는 번역의 핵심 문제이고, 언어학 연구의 핵심 문제이기도 하다. 언어의미의 구성과 출처에 대해서는 대체로 두 가지 관점이 있다. 하나는 전통언어학적 관점이고, 다른 하나는 인지언어학적 관점이다. 전통언어학의 사전적 견해에 따라 어휘의 의미는 사전적 의미와 백과지식 의미로 구성되었는데, 전통언어학에서는 그중에서 사전적 의미가 핵심적 의미이고, 이는 언어지식에 속한다고 간주하였다. 그리고 백과지식 의미는 언어 이외의 의미로서 비언어적 지식으로 간주하였다. 언어 지식은 우리의 대뇌에 저장되어 있으므로 이를 통해 어휘의미를 정의할 수 있다(Evans 2006: 207-208).[18] 어휘의미를 정의하는 방법 중 하나가 바로 성분분석법(componential analysis)이다. 예를 들면 단어

[18] The traditional view in semantic theory holds that meaning can be divided into a dictionary component and an encyclopaedic component. According to this view, it is only the dictionary component that properly constitutes the study of lexical semantics: the branch of semantics concerned with the study of word meaning. In contrast, encyclopaedic knowledge is external to linguistic knowledge, falling within the domain of 'world knowledge'(Evans 2006: 207-208).

bachelor의 성분은 [+MALE, +ADULT, -MARRIED]이며 이 단어는 사전에서 "unmarried adult male(미혼성년남성)"으로 정의할 수 있다. 이 정의는 이 단어의 핵심의미로 간주된다(Evans 2006: 208).[19]

이 단어와 관련된 사회문화적 의미와 독자의 열독과정에서 생성된 연상적 의미(싱글남의 생활습관, 사회특징 등)는 의미론 연구와 달리 구분되어 화용론의 범주에서 다루어져야 한다. 따라서 실제 우리의 언어 사용 상황에 맞지 않는 언어 의미는 아래와 같은 문제를 초래할 수 있다.

(1) 핵심의미와 비핵심의미의 구분은 지나치게 임의적이다. 사전 상의 어휘의 정의는 수량과 배열방식이 임의석이어서 구체직인 언어사용의 의미와 늘 차이가 생긴다. 역자가 번역할 때 언제나 직접적으로 해석된 사전적 의미를 사용하거나 이중 언어 사전에서 제공하는 대등한 단어로 표현하는 것이 아니다.

(2) 의미를 이해하는데 있어 문맥의 중요성을 소홀히 하였다. 사전적 견해를 가지고 있는 사람들에게 배경지식은 어휘 의미를 이해하는 데 반드시 필요한 것은 아니다. 하지만, 인지언어학자(Fillmore, 1975, 1977, 1982, 1985; Langacker, 1987)들은 인류 언어의 모든 어휘는 문맥을 벗어나 표현될 수 없다고 주장하였다. 그들은 어휘의 의미는 언제나 우리의 지식과 경험을 근거로 이해해야 한다고 주

[19] In the componential analysis or semantic decomposition approach, which is one version of the dictionary model, word meaning is modelled in terms of semantic features or primitives. For instance bachelor is represented as [+MALE, +ADULT, -MARRIED], where each of these binary features represents a conceptual primitive that can also contribute to defining other words(Evans 2006: 208).

장하였다. Fillmore는 이러한 지식과 경험 구조를 '프레임(frame)'이라고 부른다. 프레임은 경험이 도식화된 것이고, 장기 기억 속에 저장된다. 여기에는 특정 문화와 관련된 요소들, 인류가 경험한 사건과 상황 등이 포함된다. 어휘와 언어 구조는 직접 프레임과 관련되어 있다. 그러므로 언어형식의 의미를 이해할 때, 이와 관련된 프레임을 활성화시켜야 한다. 번역 과정에서 번역자가 의미를 이해할 때, 해당 어휘 혹은 언어구조와 관련된 언어적 지식과 의미를 활성화해야 할 뿐만 아니라, 그와 관련된 프레임도 활성화해야만 전체 의미를 이해할 수 있다.

(3) 어휘 의미와 지칭을 대립시킨다. 지칭은 어휘와 대응하는 객관적인 존재이지만, 어휘 의미는 사전에서 정의한 추상적인 개념을 말한다. 전통언어학은 언어 의미를 어휘 의미로 한정하였고 언어의 의미는 폐쇄적이고, 의미가 사용법을 결정한다고 보았다. 인지언어학의 의미관은 어휘 의미를 화용적 의미로 보았고, 언어의 의미를 사전적 의미와 화용적 의미로 구분하는 것은 너무 인위적이라고 보았다. 문맥이 어휘 의미를 이해하는 데 중요한 만큼, 일부 언어현상은 사전적 의미 혹은 화용적 관점에서 단독으로 해석할 수 없는 것이다.

Levinson(1983:55)[20]은 아래 예문을 활용하여 의미를 이해

[20] The importance of deictic information for the interpretation of utterances is perhaps best illustrated by what happens when such information is lacking (Fillmore, 1975:38-39). Consider, for example, finding the following notice on someone's office door:
(3) Meet me here a week from now with a stick about this big.
We do not know who to meet, where or when to meet him or her, or how big a stick to bring(Levinson, 1983:55).

할 때 문맥의 중요성을 설명하였다. 어떤 사람이 어느 날 한 외딴 섬 백사장에서 병 하나를 주웠는데 병 속에 종이쪽지가 들어 있었고, 다음의 글귀가 적혀 있었다. "Meet me here a week from now with a stick about this big." 누가, 언제, 어디에서 이 글을 썼는지 모른다면 "me, here, a week from now"의 정확한 의미를 이해할 수 없고, 이 말을 한 사람의 손짓을 보지 않고서는 어느 정도 크기의 나무 막대기를 가져야 하는지 감을 잡을 수가 없다. 따라서 문맥에서 벗어나면 그 언어의 의미를 제대로 이해할 수 없음이 설명된다.

인지언어학의 백과사전적 의미관은 언어의 의미에 한 가지 지식체계가 존재한다고 보고 의미를 이해하는 문맥은 이 지식체계에 종속하는 여러 프레임으로 간주한다. 전통 언어학의 사전적 견해와 대조하여, 인지언어학의 백과사전적 의미관은 "언어의 의미 속 하나의 지식체계가 존재한다.(Evans & Green, 2006:215)"[21]고 주장하였다. 이 지식체계에는 언어적 지식뿐만 아니라, 언어 이외의 사회문화적 지식, 문맥 등도 포함되어 있다. 백과사전적 의미관에는 아래와 같은 가설이 있다(임지룡 2008: 230-237).

---

[21] For the reasons outlined in the previous section, cognitive semanticists reject the "dictionary view" of word meaning in favour of the "encyclopaedic view". Before we proceed with our investigation of the encyclopaedic view, it is worth emphasising the point that, while the dictionary view represents a model of the knowledge of linguistic meaning, the encyclopaedic view represents a model of the system of conceptual knowledge that underlies linguistic meaning. It follows that this model takes into account a far broader range of phenomena than purely linguistic phenomena, in keeping with the "Cognitive Commitment"(Evans & Green, 2006:215).

(1) 의미론과 화용론은 원칙적으로 구분되지 않으므로, 핵심의미와 달리 화용적, 사회적, 문화적 의미에 대해 원칙적으로 구분할 필요가 없다. 어휘부-문법 연속체의 경우와 마찬가지로, 의미적 지식과 화용적 지식은 연속체를 형성하는 것으로 볼 수 있다.
(2) 백과사전적 지식은 구조화되어 있다.
(3) 백과사전적 의미와 문맥적 의미는 구분된다. 백과사전적 의미는 지식체계 내부의 각종 지식의 상호작용에서 기원하였지만, 여러 가지 의미의 선택은 문맥 요소에 따라 결정된다. 프레임이 의미를 선택하고 확정하는 일종의 문맥 요소이다. 따라서 동일한 어휘가 서로 다른 프레임에서 표현하는 의미는 각기 다르다.
(4) 어휘는 백과사전적 지식과 연계하는 통로이다. 즉, 어휘는 각종 의미를 포함하는 용기가 아닌 의미를 제공하는 단서로서, 의미를 이해하고자 하는 언어 사용자에게 백과사전적 지식과 연계하는 통로를 제공한다.
(5) 백과사전적 지식은 동적이다. 어휘와 관련된 주요 의미는 상대적으로 고정되었지만, 해당 어휘를 단서로 한 백과사전적 지식체계는 동적으로 변한다.

백과사전적 의미관 즉 프레임이론은 본 연구의 이론적 토대가 된다. 문화어휘는 그에 해당하는 백과사전적 지식과 연계되는 통로이며 문화어휘들이 부각시키는 지식체계, 즉 프레임은 구조화되어 있어 동적으로 변한다. 즉 문화어휘들이 부각시키는 프레임은 여러 프레임 요소로 구성되어 있고 문맥 또는 상황에 따라 그 구성 요소가 달라질 수도 있다.

2.3.2. 프레임의 개념, 구성 및 특징

'프레임'의 개념은 1930년대 심리학자 Frederiek Bartlett의 기억에 대한 연구로부터 시작되는데, 이 연구에서는 어떤 사건에 대한 사람의 이해와 기억은 기대치의 영향을 받으며, 그 기대는 도식으로 심리적 표상이 되고 있다고 주장하고 있다. 1975년 컴퓨터전문가 Marvin Minsky는 이러한 도식 연구를 인공 지능 연구에 응용하여 사람의 지식은 데이터 구조의 형식으로 기억 속에 저장되어 있다고 하면서 보면서 '프레임'으로 '도식'을 대체하고 프레임이론(frame theory)을 제기했다. Fillmore(1975, 1977, 1982, 1985 , 1992)의 프레임이론에 의하면 프레임은 인류의 경험이 개념화 단계에서 도식화되고 지식 체계에 반응하는 구조이며, 다양한 관계를 맺는 각 요소들로 프레임이 이루어진다고 하였다. 프레임은 인류가 경험한 특정 문화와 관련되며, 어휘와 문법 등 언어적 표현과 대응하고, 언어로 활성화할 수 있으며, 의미를 이해하는 배경이 된다. 프레임 요소(frame element), 프레임과 프레임 시스템은 입체적인 구조로 나타난다. 사람들은 사회화 과정에서 점차적으로 다양한 경험을 습득하면서 머릿속에 프레임을 구축한다. 프레임은 인간의 경험으로 인해 지속적으로 갱신되고 수정된다.

먼저 프레임은 지식체계와 경험이 머릿속에서 구현되는 일종의 인지심리 현상이다. 사람들은 객관적인 세계에 대한 관찰과 체험으로 경험을 획득하고, 다시 경험을 도식화한 후, 각자의 지식구조를 형성하여 프레임을 만든다. 그러므로 프레임은 경험이 개념화된 결과이다. 예를 들어 한 외국인이 한국의 결혼식에 참석하는 상황을 상상해 보자. 예식 장소는 결혼식장이고 하객들은 축하하는 마음으로 선물 혹은 축의금을 준비한다.

축의금은 흰 봉투에 넣어야 한다. 그리고 예식 순서는 먼저 서양식 예복을 입고 진행하는 일반 결혼식을 한 후, 전통 혼례식을 한다는 경험을 얻게 되었다. 이와 같은 경험을 개념화하여 그 외국인은 [한국의 결혼식 프레임]을 머릿속에 저장한 후, '결혼식'이라는 낱말로 표현한다.

둘째, 프레임이 바로 생각의 문맥이다. 텍스트 문맥 또는 실제적 상황 모두 독자가 의미를 이해하는 데 필요한 배경 정보이며 프레임의 형식으로 독자의 기억 속에 오래 저장된다. 프레임은 의미를 이해하는데 참조할 만한 배경지식을 제공하고 프레임의 요소들은 언어와 대응된다. 프레임은 낱말들의 자극을 통해 전체적으로 활성화될 수 있다. 예를 들어, '축의금'이라는 표현은 독자의 머릿속에 '돈'이라는 생각뿐만 아니라, 위에서 기술한 [결혼식 프레임]을 떠오르게 할 것이다. 독자는 그 프레임을 통해 '축의금'이라는 개념을 이해한다.

셋째, 프레임은 여러 요소로 구성된다. Barsalou(Barsalou, 1992b: 30)는 프레임의 구성 요소를 '속성'이라고 하였으며 그에 대해 "최소한 일부 범주의 구성원을 하나의 측면으로 기술하는 개념"으로 정의했다. 예컨대 '엔진', '운전사', '연료'를 모두 '자동차' 범주의 한 가지 측면으로 기술할 수 있다는 것이다. 하나의 개념이 더 큰 전체의 특정 측면을 설명하는 데 사용될 때 속성이 된다. '엔진', '변속기' 등을 모두 단독적 개념으로 볼 때는 속성이라고 할 수 없다. 그러므로 속성은 범주를 대상으로 말하는 것이다. 프레임은 모든 개념을 상징한다. 그러므로 개념 범주의 속성이 바로 프레임의 속성이다.

Keil(1981)는 범주의 속성은 범주가 존재하는 영역과 관련이 있다고 주장하였다. 객관적인 물체는 '색깔', '형태', '무게' 등의 속성을 포함한다. 사건은 '장소', '시간', '목표' 등을 포함한다. Barsalou(1992b: 31)는 프레임의 구성원('침실' 프레임의 '침대')과 평가('음악' 프레임의 '즐거움'), 수량('수학' 프레임의 '기수'), 원가('직업'프레임의 '희생'), 이점('교육' 프레임의 '특기') 등은 모두 속성이 될 수 있으며, 사람들은 구체적인 상황에 따라 새로운 속성을 창출할 수 있다고 하였다. 이와 같이 프레임의 속성은 객관적 세계의 실체와 사건, 그리고 사람의 인지와 관련이 있으며, 또 화용적 상황에 따라 수정과 보완을 할 수도 있다.

속성의 하위 개념으로 '값'이라는 요소가 있다. 종속 개념으로서의 값은 대응되는 속성 개념의 특성을 이어받는다. 예를 들면, '자동차' 프레임에서 속성 '엔진'의 값은 '4실린더', '6실린더', '8실린더' 등이 있다. '4실린더'는 '엔진'에서 '연료연소', '동력생성' 등의 속성을 이어받는다. 속성은 프레임의 한 측면이므로 그 값도 상응되는 프레임의 한 측면이 된다. '엔진'이 '자동차' 프레임의 한 측면인 것처럼, 그 값인 '4실린더' 또한 '자동차' 프레임의 한 측면이다. 그러나 값과 속성은 구별되는 점이 있다. 값은 더욱 구체적인 개념이고, 프레임의 단말이며, 속성의 값은 프레임과 달리 서로 다른 실체에 대응한다. '자동차'는 속성 '엔진' 값이 다름에 따라 '4실린더' 자동차, '6실린더' 자동차와 '8실린더' 자동차로 나눌 수 있다.

그 외에 프레임의 구성원들의 지위가 서로 다르다. 어떤 구성 요소는 핵심적인 부분이고 어떤 구성 요소는 주변적인 부분이다. 즉, 어떤 요소는 그 프레임에서 꼭 있어야 하는 것이다. Barsalou(1992a: 34-5)는 속성이 나타나는 빈도수와 개념의 필요성으로 프레임의 '핵심속성'을 정의하였다. 하나의 프레임이 활성화될 때 그 핵심속성의 값이 나타나며 핵심속성은 본 프레임의 모든 범례에 적용된다. 비록 언어형식으로 직접 활성화되지 않을지라도 사람들은 핵심속성의 존재를 묵인한다고 보았다. 예를 들면, '상거래 사건 프레임'에서 '구매자, 판매자, 상품, 가격' 등은 없어서는 안 되는 핵심적 속성들이다. 그에 비해 '시간, 장소, 상품의 품질' 등은 주변적인 부분이고 종속적인 역할을 하는 요소들이다. 하지만 프레임 구성원의 지위 차이는 '핵심'과 '비핵심'의 이중대립이 아니라 층위상의 정도 차이로 존재한다. 어떤 속성이 기타 속성에 비해 더 중심에 가깝고 어떤 것이 선택적인 것인지 말하기가 어렵다. 이는 구체적인 상황과 문화배경과 관련이 있다. 예컨대 '침대'가 없는 방도 '침실'로 될 수 있다. 어떤 사람은바닥에서 잠을 자기도 한다. 한국에는 바닥에서 요를 깔고 자는 문화가 있다. 한국인의 '침실'에는 '침대'가 없으며 방의 '기능'이 중심적 속성이 된다.

본문에서는 프레임 속성을 모두 프레임 요소로 핵심적 속성과 비핵심적 속성을 각각 핵심적 요소, 비핵심적 요소로 칭할 것이다.

프레임 요소는 전달하는 의미의 특징에 따라 다시 '개념 요소'와 '이미지 요소'로 구분할 수 있다. 한 프레임은 최소 한 개의 개념요소를 포함하며 일반적으로 여러 개념 요소들로 구성된다. 예를 들어, '가족프레임'은 [아버지], [어머니], [자식] 등의 개념 요소로 구성된다. 또 다른 프레임 요소는 연상을 통해 얻은 이미지(image)요소이다. 예를 들어, '주말프레임'은 [토요일]과 [일요일] 등 개념 요소 이외에 '레저, 운동, 야영, 해변 여행' 등 사람을 기쁘게 하는 이미지 요소도 머리에 연상될 수 있기 때문에 [즐거움], [휴식] 등의 이미지 요소도 포함돼 있다.

이미지 요소는 개념 요소와 구별되는 두 가지 특징이 있다. 우선, 모든 프레임은 이미지 요소를 포함한 것이 아니다. 과학기술 어휘가 활성화하는 프레임은 개념 요소만 포함한 반면에 문학 작품이나 일상적인 사교활동에 관한 어휘들이 활성화시킨 프레임은 보통 개념 요소와 이미지 요소를 동시에 포함한다. 예를 들어 '月亮框架(달 프레임)'은 [天体(천체)], [卫星(위성)] 등의 개념 요소 외에 [女人(여자)], [爱人(님)], [母亲(어머니)] 등의 이미지 요소를 포함한다. 반면에 '月球框架(월구 프레임)'은 앞의 개념 요소만 포함한다. 그러므로 가사 "月亮走我也走(달이 가고, 나도 가고)"의 '月亮(달)'을 '月球(월구)'로 대체한다면 가사의 시적인 분위기가 사라져 어색한 표현이 될 것이다. 둘째, 이미지 요소는 연상을 통해 얻은 것이라 명시적 언어 형식이 결여되어 있다. 이것이 바로 문화어휘의 번역이 복잡해진 원인이다. 가사 '月亮走我也走'의 중국어 표현 '月亮(달)'을 한국어의 '달' 또는 '월구' 중 어느 하나의 표현으로 전환하는 것보다는 한국어의 '달 프레임'에도 [爱人(님)]의 이미지 요소가 포함돼 있느냐에 대한 고민을 해야 한다. 그러므로 적절한 표현과 방법으로 문화어휘의 이미지 요소가 목표텍스트에 잘 반영되도록 하는 것은 문화어휘 번역의 핵심이기도 하다.

넷째, 프레임은 입체적이며 층으로 나타난다. 즉 프레임의 구성 요소들은 각각 상 하위 층에서 서로 관계를 맺고 있다. 즉 한 구성 요소는 하위 층에서 다시 세분화될 수 있다는 것이다. 예를 들어 '구매자' 요소가 다시 '개인 구매자'와 '단체 구매자' 혹은 '남성 구매자'와 '여성 구매자'로 세분화될 수 있다.

다섯째, 프레임은 동태적이고 인간의 경험이 늘어남에 따라 끊임없이 수정되거나 혹은 만들어지게 된다. 예를 들면 TV가

발명되기 전에 '침실' 프레임 속에는 'TV' 요소가 없었다. 지금 'TV'는 '침실'의 중심 요소가 된다. 또한 프레임 요소는 계속 변할 뿐 아니라 사람들은 새로운 상황에 따라 새로운 프레임을 만들어 낸다. 컴퓨터가 발명되고 사용되면서 '컴퓨터' 프레임이 만들어졌다. 새로운 프레임을 구축할 때는 항상 기존에 있던 프레임과 연결이 된다. 가장 보편적으로 쓰이는 구축 방식은 상위 프레임으로부터 새로운 요소를 늘리고 그 요소를 한층 더 세분화하여 2차 프레임을 구축하는 것이다.

여섯째, 프레임은 인류 경험을 도식화한 결과이며 서로 다른 문화 환경에 처한 사람은 서로 다른 체험과 지식시스템을 가지게 된다. 각 언어 간 프레임의 차이는 세 가지 측면으로 구현할 수 있다.

프레임의 문화차이는 먼저 프레임의 비대응성에서 실현된다. 한 문화 속에 존재하는 프레임이 다른 문화 속에서 자리가 비어 있을 수 있다. 중국과 한국의 문화는 유사점이 많음에도 불구하고 다양한 차이가 존재한다. 한·중 양국의 자연 환경, 기후 변화, 사회 제도, 전통 문화 등으로 인해 많은 면에서 차이가 난다. 한국의 '가야금', '잡채', '고무신', '한정식' 등은 중국인들에게 생소한 개념이라 중국인 독자들이 번역문을 보고 제대로 이해하지 못하거나 잘못 이해하게 되는 일이 종종 있다. 이것도 본 연구에서 다룰 문제이다.

프레임의 문화차이는 프레임 요소의 차이에서도 구현된다. 앞에서 언급한 바와 같이 프레임은 개념요소와 이미지로 구성되기 때문에 개념요소나 이미지요소의 차이도 양쪽 언어 프레임의 차이가 된다. '아침 식사 프레임'의 예로 하면 서양인의 '아침 식사 프레임'은 우유, 빵, 샌드위치 등 개념요소로, 한국인의

'아침 식사 프레임'은 일반적으로 김치, 밥, 된장찌개 등 개념요소로, 중국인의 '아침 식사 프레임'은 보통 죽, 계란, 반찬 등 개념요소로 이루어진다. 그런데 아침밥을 먹지 않는 사람들은 '아침 식사 프레임'이 아예 존재하지 않는다.

그 다음으로 프레임의 차이는 이미지요소의 차이에도 구현할 수 있다. 한국의 '만두프레임'과 중국의 '饺子(교자)' 프레임을 예로 들면, 한국에서의 만두는 즉석 식품으로서 간단하게 식사할 때 먹는 음식이지만 중국에서 만두는 손이 많이 가는 정성이 가득한 음식으로 큰 명절이나 중요한 일이 있을 때 먹는 음식이며 사람에게 행운을 기원하는 의미로 먹는 음식이다. 그래서 중국의 '饺子(교자)'를 한국의 '만두'와 대등시하는 한국인은 중국 엄마들이 왜 아이들이 시험을 보기 전에 만두를 준비하는지가 궁금할 수 있을 것이다.

프레임의 차이는 동시 개념요소와 이미지요소에 나타나는 경우도 있다. 중국의 '愛人(애인)프레임'과 한국의 '애인(愛人)프레임'을 예로 하면 같이 '愛人'이라는 표현을 쓰는 것도 불구하고 한국의 '애인프레임'은 [사랑하는 사람] [결혼할 대상] [애정을 나누기] 등 개념요소와 [달콤함] [사귀는 사이] 등 이미지요소로 구성되는데 중국의 '愛人(애인)프레임'은 [남편이나 아내] [사랑하는 사람] [이미 결혼했음] 등 개념요소와 [행복함] [결혼생활]등 이미지요소로 이루어진다. 그러므로 같은 한자를 쓰는 이유로 '愛人'과 '애인'을 간단하게 대등하여 번역하면 적당하지도 않고 심지어 서로간의 오해를 초래할 수도 있다.

프레임 요소의 차이나 프레임의 결핍은 해결할 수 없는 문제가 아니다. 사람의 인지는 추상적인 공간에서 서로 통하기 때문이다. 이것은 본 연구에서 프레임의 문화차이를 해결하는 중요한 사고맥락이다.

2.3.3. 프레임이론 시각의 번역

일찍이 프레임이론은 번역 연구자들의 주목을 받았다. 1980년대 초 Vannerem은 Fillmore의 이론을 번역교육에 적용시켰다(Snell-Hornby, 2006: 110)[22]. Vannerem & Snell-Hornby(1986)의 “Die Szene hinter dem Text: ‘schenes-and-frames semantcs’ L in der Ubersetzung”는 번역 연구와 관련하여 프레임의 시각으로 연구된 초기의 대표적인 연구라 할 수 있다. 1988년 Snell-Hornby는 ‘Translation Studies: An Integrated Approach’에서 기존 텍스트 분석과 번역문 표현을 모두 번역의 중요한 과정이라고 지적했지만 당시에는 번역문의 창조적 표현과정을 소홀히 하여 Fillmore의 장면-프레임이론을 통해 번역의 창조과정을 해석했다(Snell-Hornby, 1988:79).[23]

---

[22] Our staring point is the concept of “scenes-and-frames” as presented by Charles Fillmore. Rarely has a linguistic concept proved so fruitful for the practice of translation irrespective of specific languages or language-pairs. Mia Vannerem, a teacher in an Antwerp translation school, applied it in her translation classes in the early 1980s and gave papers on the topic at lacal conferences(Snell-Hornby, 2006: 110).

[23] Text analysis and text production: both are essential to the translation process. In the preceding section we focussed on analysis, and this is what the vast majority of studies on translation have limited themselves to: the creative process of text (re-)production is still a neglected field in translation theory. A promising starting point for studies in this area might be the so-called “scenes-and-frames” semantics of Charles Fillmore, which is presented here and discussed in its relevance for the translation process(Snell-Hornby, 1988:79).

그는 번역이 복잡한 사교활동으로서 원문 작가, 원문 독자와 번역자, 번역문 독자의 상호작용과 연관된다고 보았다. 번역자는 이미 정해진 프레임에서 출발하며 해당 프레임은 원문 작가 자신이 이미 가지고 있던 원형 그대로의 배경에서 추출한 것이다. 이 프레임을 근거로 하여 먼저 번역자는 독자가 되어 경험과 내부 지식을 근거로 자신의 장면을 만든다. 비 모국어 화자의 신분으로서 원문 작가의 의도 혹은 목표 언어 화자의 장면(항상 번역 오류의 근원이 된다)을 활성화시킨다(Snell-Hornby, 1988:81).[24] 활성화된 프레임을 기초로 번역자 자신이 목표 언어에 대한 숙련 정도에 의해 목표 언어에서 적절한 표현 프레임을 찾는다. 이 단계에서 번역자는 새로운 텍스트를 프레임화 하는데 이 단계는 줄곧 번역이론에서 소홀히 되곤 한다(Snell-Hornby, 1988:81).[25]

Snell-Hornby는 번역 연구에서 프레임 의미이론의 중요 의미를 제시하였다. 장면-프레임이론의 장면은 인류의 경험이나 기타 방식으로 획득한 언어 표현과 서로 대응되는 의미의 장면

24 Translation is a complex act of communication in which the SL-author, the reader as translator and translator as TL-author and the TL-reader interact. The translator stars from a presented frame (the text and its linguistic components); this was produced by an author who drew from his own repertoire of partly prototypical scenes. Based on the frame of the text, the translator-reader builds up his own scenes depending on his own level of experience and his internalized knowledge of the material concerned. As a non-native speaker, the translator might well activate scenes that diverge from the author's intentions or deviate from those activated by a native speaker of the source language (a frequent cause of translation error)(Snell-Hornby, 1988:81).

25 Based on the scenes he has activated, the translator must now find suitable TL-frames; this involves a constant process of decision-making, whereby he depends entirely on his proficiency in the target language. It is at this stage of the translation process, where the translator shapes the new text, that has up to now been neglected in translation theory(Snell-Hornby, 1988:81).

을 말한다. 그리고 프레임은 장면과 대응되는 언어 표현 형식을 말한다. 장면-프레임의 의미이론은 "관련 텍스트 요소, 인류 경험, 감지와 배경으로서의 상황"에 관심을 가지고 번역 연구에 "아주 전망이 있는 연구시각(Snell-Hornby,1988:81)"[26]을 제공했다.

Snell-Hornby는 주로 프레임 의미이론의 시각으로 번역 연구를 했는데 배경지식이 번역 연구의 중요성을 강화시킨다고 하였다. 그러나 이 연구도 아래와 같은 한계가 존재한다. 우선, 그의 연구는 주로 개관적인 연구로서 프레임이론의 세부적인 면에서 출발하여 번역자의 인지 조정을 연구한 것이 아니라, 프레임 의미이론에서 출발하여 연구한 번역과정, 특히 번역문의 창의적 표현 가능성을 제시하였다. 둘째, 그는 주로 Fillmore의 초기 사상을 근거로 한 프레임 의미이론을 기초로 하였으며, 후기 연구에서 Snell-Hornby(2006)도 주로 Fillmore의 60, 70년대 장면-프레임 의미이론을 기초로 하고 있다. 당시 Fillmore의 주요 사상은 장면을 언어의 배경 정보로 보고 프레임을 언어 선택의 체계로 보는 것이었다. 실제 1970, 80년대, Fillmore는 인지심리학, 인공 지능과 관련된 프레임이론 연구 성과의 영향을 받아 프레임 개념을 인지적으로 해석하고 장면을 프레임으로 대체하였다. Snell-Hornby는 Fillmore의 이론 발전을 따르지 않고 번역의 프레임 연구이론을 수정하였기 때문에, 그의 연구도 주로 장면과 프레임의 구분에 국한되어 프레임 의미의 후기 발전을 소홀히 다루었다. 그는 여전히 번역자가 어떻게 장면(인류 경험을

26 The scenes-and-frames approach, which does not merely work with words and structures, but with a more holistic principle of interrelated textual elements, experience, perception and background situation, could provide a promising starting point(Snell-Hornby, 1988:81).

통한 의미 있는 장면)의 작용을 통해 창의적 언어(프레임)를 조정하는지에 관심을 두고, 인지적 시각의 프레임에 대한 개념과 프레임의 번역에서의 작용에 대한 새로운 정의를 내리지 못했다. 즉 프레임을 번역 과정에서의 개념 모형으로 하는 번역자의 인지 조정을 연구하지 못했다는 것이다.

Snell-Hornby와는 달리 Neubert & Shreve(1992)은 프레임의 인지 해석에 착안하여 프레임이 활성화시킨 연상 구조와 배경지식을 기반으로 프레임 의미이론을 텍스트 번역연구에 적용시켰다. 그들은 언어를 가상적인 체계로 간주하였으며 텍스트는 화자가 언어선택을 거쳐 실현한 실제 체계로 간주했다. 언어는 언어 베이스에서 선택해야 하며 관련 지식의 시스 요소를 활성화시켜 표현할 수 있다. 그러므로 번역자의 번역 직업은 문자를 번역하는 것이 아니라 문자에 의지하여 표현해 낸 프레임이다. 프레임의 문화 차이가 번역에서 해결해야 할 중요한 문제가 되었다.

문화프레임을 대응하는 것은 매우 중요하면서도 어려운 번역 작업이다. 번역자의 임무는 텍스트와 텍스트의 어휘가 만든 연상구조를 사용하여 프레임의 상상도를 그려내는 것이다. 번역자는 반드시 원천프레임과 목표프레임의 구조와 내용에 대해 분석을 해야 하며 양자를 대응하여 두 어휘의 연상을 유사하게 해야 한다. 때로는 텍스트를 확장하여 대등체가 만든 두 가지 지식체계의 구조가 일치하지 않음을 확실하게 밝혀야 한다(Neubert & Shreve 1992:61)[27].

---

27 Matching cultural frames is an extremely important and difficult translation task. The translator's objective is to use the text, and the associative structures created within it by networks of lexical items, to map frames(Neubert &

Neubert & Shreve는 언어 배후의 지식체계를 중요시하고 번역의미의 전달과 관련된 텍스트의 주요 작용에도 관심을 기울였다. 그는 "어휘 번역은 프레임을 떠나 이해하고 번역할 수 없으며", "프레임은 항상 텍스트에 삽입되어 있고", "어휘의 잠재적인 의미는 그 텍스트에서 구체적인 역할을 결정하며", "원문 창조자와 번역문 창조자의 프레임은 동일하지 않으므로 번역자의 보충이 필요하다"고 보았다. 번역에서의 언어가 대등하지 않은 것은 두 가지 프레임이 일치하지 않기 때문에 발생한 것이므로 "대등하지 않은 것은 언어 문제뿐만 아니라 인지와 텍스트가 대등하지 않기 때문이다"라고 주장했다(Neubert & Shreve, 1992:64)[28]. Neubert & Shreve은 더 발전된 프레임 의미이론을 근거로 번역 과정의 연구를 인지 방면으로 추진시켰으며, 번역의미를 확정하고 전달하는 과정에서 텍스트의 제한적인 역할을 부각시켰다. 그들은 인류 경험의 개념화(그들의 용어로 '프레임화'라 한다)와 백과 지식의 역할을 부각시키고 번역자는 언어지식을 파악해야 할 뿐만 아니라, 프레임화의 차이도 유의하고 언어와 텍스트가 어떻게 프레임 지식과 결합하는지 이해해야 한다고 주장하였다

Shreve 1992:61).

28 Individual words can never be understood and cannot be translated outside of their frame references. Frame references are always embedded in texts. The meaning potential of a word is determined by its role as an active ingredient in a text. Of course, because the frame systems of L1, producers and L2 comprehenders are different, the translator has to somehow compensate. What has been traditionally referred to as linguistic non-correspondence, the case where linguistic item in the L1 and their so-called foreign "equivalents" don't match, is actually caused by the fact their frames are not congruent. Non-correspondence is not just a linguistic phenomenon; it is also a cognitive and textual one(Neubert & Shreve, 1992:64).

(Neubert & Shreve, 1992:65).[29]

Kussmaul(2005)에서는 "시각화"의 인지방식이 번역에서의 중요한 역할임을 부각시켰다. 그는 "장면이 바로 프레임 속의 심리적 이미지이다"라고 주장하였다(Kussmaul, 2005: 382).[30] 번역자가 창의적으로 번역할 때 원문 어휘를 직접 번역문 어휘로 전달하는 것이 아니라 아래 [그림 1]에서 표시한 바와 같은 과정을 거쳐야 한다고 했다.

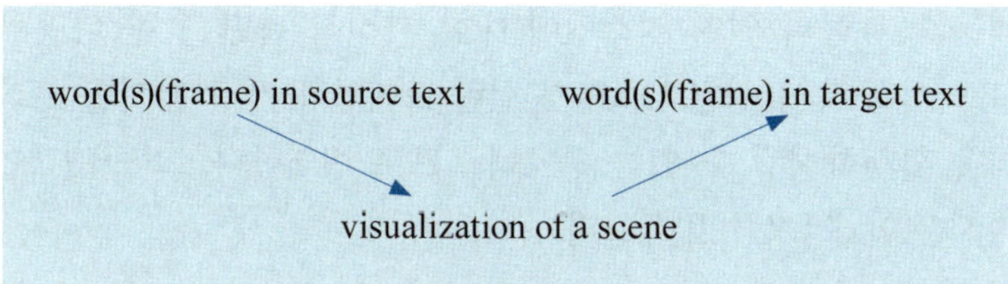

[그림 1] 번역의 시각화 과정(Kussmaul, 2005: 382)

번역의 시각화 과정에서 번역자는 먼저 어휘(Fillmore가 초기에 칭한 프레임)와 관련된 장면을 시각화한 다음에 장면으로 목표프레임을 활성화한다. 즉 번역문을 활성화한다. 그러므로 시각화는 창의성 번역을 실현하는 방법이라고 할 수 있다. 장면의 시각화에는 네 가지 상황이 있다. (1) 실제 도면 보기, (2) 원천프레임

29 Linguistic knowledge of both the L1 and the L2 is necessary but not sufficient. The translator must be aware of framing differences and understand how linguistic and textual processes attach to frame-based knowledge. Translations, ideally, should be the kind of texts that L1 senders would have formulated for L2 audiences themselves(Neubert & Shreve, 1992:65).

30 I see frames and scenes as metaphors. Scenes are mental images within a frame. The translation process can thus be illustrated with the following figure(Kussmaul, 2005: 382).

이 가리키는 장면, (3) 기존 텍스트가 제공한 장면의 세부사항, (4) 기억에서 추출한 프레임이 그것이다(Kussmaul, 2005: 389).[31] 여기에서 창의성 번역이 표현하는 것은 장면, 혹은 장면 속의 일부 세부 사항이 될 것이다. 이는 반드시 번역자의 인지조정과 연관되어야 한다.

프레임이론에 의한 번역은 원문 저자, 번역자와 번역문 독자 간의 인지상의 상호작용이라고 할 수 있다. 번역자가 원문 독자로서 원천언어텍스트가 활성화시킨 프레임으로 의미를 얻고 번역문 독자들의 인지 시스템에 대한 사전적 판단을 한 다음에 그 의미를 다시 원천텍스트가 실린 프레임과 가장 가까운 프레임을 활성화시킬 수 있는 목표텍스트로 번역한다. 그 구체적인 과정은 아래 [그림 2]와 같다.

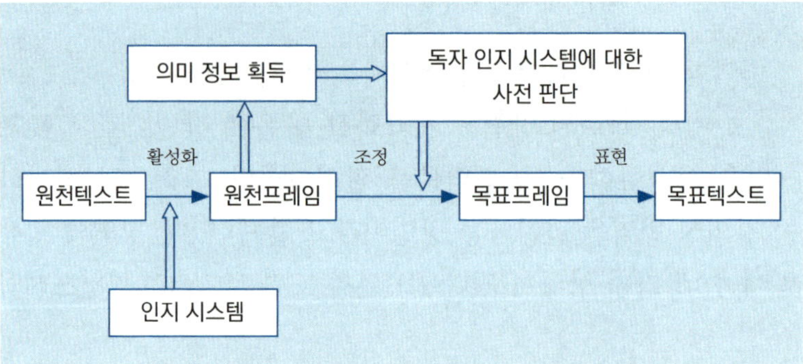

[그림 2] 프레임이론에 의한 번역 과정

---

31 At the moment it might be interesting to find out which kinds of stimuli lead more easily to successful and creative translations in the end than others: (a) looking at real pictures, (b) looking at suggestive frames in the source text, (c) looking at suggestive scenic details in the source text or (d) imagining scenic details reconstructed from memory(Kussmaul, 2005: 389).

위와 같이 번역자가 원천텍스트의 열독을 통해 머릿속에 저장해 둔 인지시스템을 활성화시켜 원천프레임을 도출한다. 원천프레임이 전달하는 모든 정보들은 목표 독자의 인지 시스템에 대한 사전 판단을 근거로 다시 목표프레임으로 구현된다. 마지막으로 번역자는 적당한 언어표현을 선택하여 텍스트를 목표텍스트로 실현한다.

2.3.4. 프레임이론 시각의 문화어휘 번역

모든 문화어휘가 살린 문화어휘 프레임은 해당 사회의 문화에 근원하고 있으며 해당 문화와 일맥상통한다. 그리고 한 문화어휘는 하나 또는 여러 개의 문화 요소의 문화프레임을 활성화시킬 수 있다. '만두'에 의해 활성화된 '만두프레임'을 예로 한 번 살펴보겠다.

중국어 '饺子'의 독음은 "쟈오즈(jiao zi)"인데 여기에는 지난해와 새롭게 시작되는 한 해가 교차되는 설날에 만두를 먹으며 평안히 해를 넘기고 싶다는 바람이 담겨져 있다. 집을 떠날 때 만두를 먹는 것은 다시 한데 모이는 것에 대한 순수한 바람으로, 헤어졌다가 다시 무사히 모이는 것을 의미한다. 이러한 것은 중국인들의 "천인합일(天人合一: 하늘과 사람은 하나로 합쳐져 있다)", "일의 계획은 사람이 하지만, 그 성패는 하늘에 달려있다"와 같은 철학 인지 프레임에 근원을 두고 있는 것으로 사람을 초월한 어떤 힘을 믿는 것이다. 만두가 불운을 없애고 행운을 가져다 줄 수 있다고 생각하기에 중국 사람들은 중요한 명절(설, 추석)또는 중요한 일이 있을 때 습관적으로 만두를 먹는다. 그래서 민간에서는 "길을 떠날 때는 만두를 먹고 돌아오면 국수를 먹는다."라는 속설도 있다. '만두프레임'에는 [명절 음식, 불운을 없앰, 복을 가져올 수 있음] 등의 이미지 요소들이 포함돼 있다. 이와 같은 요소들은 한국의 '만두프레임'에서 찾을 수 없는 요소들이다. 그러므로 이와 같은 이미지 요소들이 활성화될 필요가 있을 때 번역자가 어떤 조정을 통해 결여된 요소들을 보완해줘야 원천텍스트와 목표텍스트의 등가를 실현할 수 있다.

그 외에 한 문화어휘는 두 개 이상의 문화프레임을 부각시킬 수 있다. 예를 들어 중국에서 '돼지'는 [아둔함]과 [복이 많음]의 두 가지 다른 문화프레임을 살릴 수도 있다. 사람들은 멍청한 사람을 '돼지머리'라고 묘사하면서도 열두 가지 띠에서 돼지해에 태어난 사람은 또 복이 많고 의식주에 대한 근심이 없다고도 생각한다.

서론 부분에서 언급한 바와 같이 프레임이론에 의한 번역은 원문 저자, 번역자와 번역문 독자 간의 인지상의 상호작용이고 번역자가 원문 독자로서 원천텍스트가 활성화시킨 프레임으로 의미를 얻고 번역문 독자들의 인지 시스템에 대한 사전적 판단을 한 다음에 그 의미를 다시 원천텍스트가 살린 프레임과 가장 가까운 프레임을 활성화시킬 수 있는 목표텍스트로 번역한다. 그러므로 문화어휘의 번역은 번역자가 원천텍스트의 문화어휘가 부각시킨 프레임과 같거나 유사한 프레임이 활성화되도록 적당한 언어표현을 찾아 목표텍스트를 만들어 내는 것이다. 즉 문화어휘의 번역은 문화어휘가 각자 살린 프레임에 대한 번역이다.

중·한 또는 한·중 번역에 있어서 문화어휘 프레임에 대한 번역은 크게 두 가지 양상으로 나누어 볼 수 있다. 하나는 결핍된 문화어휘프레임을 어떻게 목표텍스트에서 구현하느냐의 문제이고 다른 하나는 프레임 요소의 차이로 인한 프레임의 전환, 프레임 요소의 조정에 관한 문제이다. 전자는 한국의 '가야금', '잡채', '고무신', '한정식' 등 한국인의 의식에만 존재하는 인지 프레임을 어떤 표현으로 또는 어떤 번역 전략으로 중국인 독자들이 받아들이게끔 하느냐 하는 것이다. 후자의 예는 다음과 같다. 한국과 중국의 '여우프레임'과 '돼지머리프레임'은 차이가 있는데 한국인의 인지에 '여우프레임'은 [예쁨, 교활함] 등의 이미지 요소들이 들어가 있지만 중국의 '여우(狐狸)프레임'에는 [교활함]의 이미지 요소밖에 없다. 그러므로 '여우와 같이 교활하다'는 표현은 중국어나 한국어에서 다 쓸 수 있지만 '여우와 같은 미모를 가졌다'는 표현을 그대로 중국어로 옮기면 듣는 사람이 화를 낼 것이다.

이어서 3, 4, 5장에서는 해외 홍보물에 나온 한국어의 문화어휘 중 번역을 할 때 발생하는 문제점과 그 문제가 생기는 원인에 대해 구체적으로 살펴보고 프레임이론에 의한 해결법을 찾도록 하겠다.

3. 문화어휘 번역상 문제점 분석

3.1. 문화어휘 수집

이 책에서는 한국국제교류재단에서 발행한 계간지 『Koreana』의 중국어판 2011년 봄 호부터 2014년 여름 호에 나타난 문화어휘를 연구대상으로 수집하였다. 『Koreana』[32]는 한국의 문화예술전문 종합 계간지로서 15개 칼럼으로 구성되었으며 한국 문화에 관한 다양한 특집기사와 함께 한국의 생활양식, 문화유산, 자연환경, 문학작품, 인물 등을 소개하고 있다. 15개 칼럼의 구체적 내용은 'Image of Korea(사진을 통해 한국의 단상을 소개)', 'Special Feature(한국관련 특정주제를 매호 선정하여 심층 분석)', 'Focus(최근 한국 문화계의 이슈 및 예술 트렌드를 소개)', 'Interview(한국 문화예술계 인사 인터뷰)', 'Art review(최근 화제가 되었던 전시나 공연을 소개)', 'Guardian of Heritage(한국 전통예술의 맥을 잇는 장인을 소개)', 'Modern Landmarks(한국의 근대 건축물을 소개하면서 건축사적 의미와

32 http://www.koreana.or.kr/koreana/koreana1.asp?lang=ko

현재의 모습, 이를 둘러싼 한국 근대역사를 소개)', 'In Love with Korea(한국에 체류 중인 외국인의 눈을 통해 본 한국문화)', 'On the Road(특정 도시와 지역의 문화 역사, 자연을 소개)', 'Along Their Own Path(다양한 분야의 인물의 삶을 다룸으로써 한국인의 가치관과 꿈을 그려냄)', 'Books & More(한국문화를 소개하는 책, 음반 등 신간 자료 소개)', 'Entertainment(한국의 대중문화의 화제를 다룸)', 'Gourmet's Delight(한국의 음식문화를 소개)', 'Lifestyle(현대 한국인의 생활 트렌드를 소개)', 'Journeys in Korean Literature(한국의 현대 단편소설을 작가평과 함께 소개)'이다. 이러한 내용으로부터 『Koreana』는 한국 문화의 독창성을 널리 알리는 것을 목표로 하고 있음을 알 수 있다. 『Koreana』는 1987년에 창간되었으며 현재 9개 언어(일본어, 중국어, 독일어, 프랑스어, 스페인어, 러시아어, 아랍어, 인도네시아어)로 발간되어 160여 개 나라에 배포되고 있다. 한국의 전통과 현대 문화, 예술을 균형 있고 체계적으로 다루어 국내외 독자들로부터 호평을 받고 있으며 한국잡지협회의 '우수전문잡지상'을 3회(2007, 2008, 2010) 수상한 적이 있다. 『Koreana』는 신빙성이 높으며 해외에서 한국 문화를 홍보하는 대표적인 잡지라고 할 수 있으며, 내용 또한 풍부하며 다양한 유형별의 문화어휘들을 포함하고 있어서 자료 선정 대상으로 정하였다.

그 외에 충분한 자료 확보를 위해 한국 해외문화홍보원에서 2009년에 전자책으로 발간한 "한국문화 지침서(韩国文化指南)"와 2013년에 전자책으로 발간한 "한국의 어제와 오늘(韩国的昨天与今天)"도 자료 선정 대상으로 정하였다.

3.2. 문화어휘 정리 및 번역 방법 분석

3.2.1. 문화어휘의 분포

문화어휘 자료를 정리할 때는 2장에서 언급한 바와 같이 중국학자 이사춘(李仕春)(2013)의 문화어휘에 대한 분류에 따랐다. 즉 건축, 지명, 음식, 의복(복식), 예의 및 풍습, 예술, 종교, 사회제도, 사회역사 유형별로 어휘수집 작업을 진행하였고 아울러 간행물 내용에 근거하여 전통 수공예와 유적지, 문학작품 두 가지를 추가해 모두 953개의 어휘를 수집하였다. 그 중의 일부분 예시를 아래 [표 4]에 정리하였다.

[표 4] 문화어휘의 예시

유형	출발 언어	도착 언어	출처
지명	정동진	正东津	2012冬
	여의도	汝矣岛	2013春
	방어진	方鱼津	2014夏
건축물 유적지	동묘	东庙	2013春
	국회의사당	国会议事堂	2013春
	팔미도 등대	八尾岛燈塔	2014春
음식 음주	게장	酱油蟹	2013春
	막걸리	浊酒	2013冬
	설렁탕	先农汤	2013冬

유형	출발 언어	도착 언어	출처
복식	비단	绸缎	2012春
	저고리	韩服上衣	2012冬
	고무신	钩头胶鞋	2012冬
신앙 민속	잠수굿	潜嫂祭	2014夏
	강릉 단오제	江陵端午祭	2012秋
	해녀축제	海女庆典	2014夏
예술 종교	왕실 회화	宫廷画	2012春
	탱화	唐卡佛像	2012春
	목탁	木鱼	2013夏
정치 경제 사회	중인 출신	中人阶层	2012春
	화상 육성책	华商扶植政策	2014春
	공납제적 생산양식	资本主义生产方式	2014夏
역사	한국전쟁	六•二五战争	2012秋
	채전서	彩典署	2012春
	도화서	图画署	2012春
전통공예	한지	高丽纸	2012春
	옹기장인	瓮器匠	2012秋
	화첩	蝴蝶	2012冬
문학작품	『경국대전』	《经国大典》	2012春
	『세종실록』	《世宗实录》	2012春
	『어부사시사』	《渔夫四时词》	2013秋

각 유형별의 문화어휘 예시의 분포 상황은 아래 [표 5]와 같다.

[표 5] 문화어휘 분포 상황

유형	어휘 횟수(회)	비율(%)
지명	165	17.31
건축물 및 유적지	156	16.37
음식	114	11.96
복식	26	2.73
예의 및 풍습	4	4.41
예술 및 종교	139	14.59
사회제도	55	5.77
역사	108	11.33
전통공예	64	6.72
문학 작품	84	8.81
합계	953	100

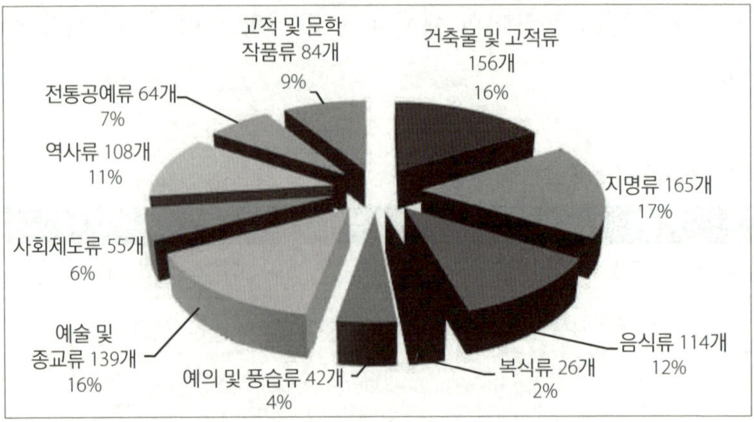

[그림 3] 문화어휘 분포 상황

여기에는 [그림 3]에서 볼 수 있는 것처럼 지명류의 문화어휘가 가장 많은데 165개로 17.4%를 차지하고 있으며 이어서 건축물 및 유적지류 156개, 예술 및 종교류 139개, 음식류 114개, 역사류 108개, 문학 작품류 84개가 있다. 어휘의 분포 상황을 보면 한국정부는 해외에서 자국문화 홍보를 적극적으로 추진해 나가는 데에 노력을 많이 들였다는 것을 알 수 있다. 또한 전통문화와 현대문화에 대한 홍보를 병행하고 있는 한국정부의 입장도 보인다.

3.2.2. 번역 방법에 대한 분석

문화어휘의 번역은 주로 직역, 의역, 음역, 주석 4가지 방법이 적용되었는데 각 번역 방법의 사용 빈도수는 아래 [표 6]과 같다.

[표 6] 번역 방법의 사용 상황

유형	사용 횟수(회)	비율(%)
직역	737	77.30
음역	24	2.50
의역	188	19.80
해석법	4	0.40

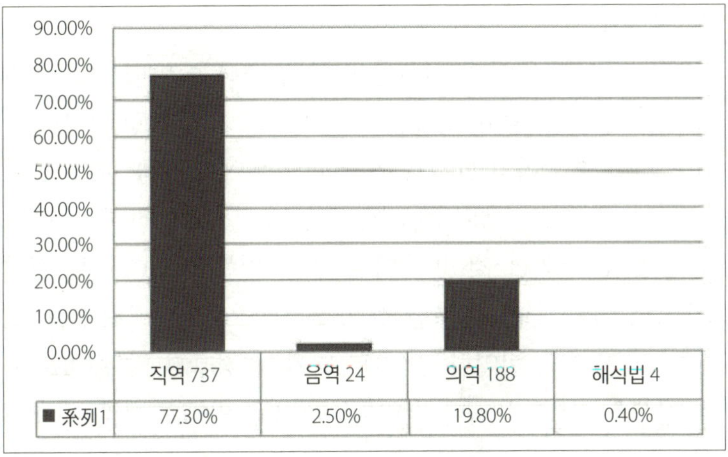

[그림 4] 번역 방법 사용 상황

[그림 4]을 보면 직역법으로 번역된 단어가 737개로 77%를 차지하여 가장 많이 쓰인 것을 확인할 수 있으며, 이어서 의역, 음역, 해석법 순으로 번역 방법의 사용 양상이 나타난다. 직역의 비중이 3/4을 초과하는 만큼 문화어휘는 주로 직역을 했고, 의역과 음역의 빈도수는 적은데 직역된 문화어휘의 대부분은 한자어로 나타났다. 이어서 여러 번역법의 분포상황에 대해 간단히 살펴보겠다.

(1) 직역법

직역법은 어휘 글자의 의미를 바로 번역하는 방법으로 수집한 자료에 따라 두 종류로 나눌 수 있다. 한 가지는 한국어의 한자어를 직접 중국어의 한자로 번역하는 것으로 예를 들면 '소주'를 '烧酒(2013겨울)'로, '백일주'를 '百日酒(2013겨울)'로, '한복'을 '韩服(2012겨울)'으로 번역한 것이다. 다른 한 가지는 어의(语义)를 번역한 것으로 예를 들면 '돌무덤'을 '石墓(2012겨울)'로, '해시계'를 '太阳钟(2013가을)'으로 번역한 것인데, 전자의 경우가 다수이고 후자의 경우는 비교적 적다. 직역된 단어는 약 737개로 전체의 77.3%를 차지한다. 이는 한자어가 한국어에서 차지하는 비율과 비슷한 한편, 한국어에서 차지하고 있는 한자어의 지위를 반영하는 것이기도 하다. 직역한 어휘를 유형별로 살펴보면 다음 표와 같다.

[표 7] 직역의 예시

유형	출발 언어	도착 언어	출처
지명	감포한반도	甘浦朝鲜半岛	2014夏
	개성	开城	2013春
건축물 유적지	경주국립박물관	庆州国立博物馆	2013冬
	공자상	孔子像	2014春
음식	삶은 문어	煮章鱼	2012夏
	낙지볶음	炒鱿鱼	2012夏
복식	비단	绸缎	2012春
	석류석	石榴石	2013冬
예의 및 풍습	돌무딤	石墓	2012冬
	조왕신	灶王神	2013夏
예술 및 종교	목탁	木鱼	2013夏
	뮤지컬페인	音乐剧废人	2014秋
사회 제도	부동산소유	不动产所有权	2014春
	화상육성책	华商扶植政策	2014春
역사	6·25동란	“六·二五”战争	2012春
	거문도사건	巨文岛事件	2012夏
전통공예	궁중채화	宫廷彩花	2014秋
	금빛황동장식	金色的黄铜饰件	2012冬
문학 작품	『경국대전』	《经国大典》	2012春
	『난중일기』	《乱中日记》	2012夏

(2) 의역법

의역법은 어휘의 전체 의미를 번역한 방법으로 예를 들면 '한정식'은 '韩式客饭'으로, '수육'은 '熟牛猪肉(2013겨울)'로, '술국'은 '下酒汤(2013겨울)'으로, '일본식 무짠지'는 '日式腌萝卜(2014봄)'로, '게장'은 '酱油蟹(2013봄)'로, '사랑방'은 '厢房(2012겨울)'으로 번역한 것을 들 수 있다. 의역법을 통해 만들어진 어휘는 약 188개로 전체의 9.8%를 차지한다.

[표 8] 의역의 예시

유형	출발 언어	도착 언어	출처
지명	서울의관문(關門)	首都关隘	2012春
	세빛둥둥섬	浮岛	2013春
건축물 유적지	공화춘건물	共和春舊址	2014春
	누마루	廊亭	2013秋
음식	게장	酱油蟹	2013春
	수육	熟牛猪肉	2013冬
복식	고무신	钩头胶鞋胶鞋	2012冬
	두루마기	大褂	2012冬
예의 및 풍습	사랑방	厢房	2012冬
	소행주	幸福居	2012夏
예술 및 종교	놀이패	神祭	2012秋
	마루방	廊台房	2013秋
사회 제도	OEM방식	代工生产	2012冬
	하청 제작	转包制作	2012春

유형	출발 언어	도착 언어	출처
역사	한국전쟁	'六·二五'战争 朝鲜战争	2012秋 2013春
	청일전쟁	甲午战争	2014春
전통공예	갓일	斗笠编结	2012夏
	무명길쌈	粗布手工纺织	2012秋
	세로살창(주마창)	窗格(走马窗)	2013秋
고전 및 문학 작품	<영원한 이방인>	《说母语的人》	2014春
	『반지의 제왕(The Lord Of the Rings)』	《魔戒》	2014冬
	<가족>	《漂浮》	2014春

(3) 음역법

음역법은 전체음역과 부분음역으로 나뉜다. 전체음역은 유사한 발음을 직접 선택하여 번역한 것으로 예를 들면 '설렁탕'을 '先农汤'(2013겨울)으로 번역한 것이다. 부분음역은 구성어휘의 일부분을 유사한 발음으로 번역하고 다른 일부분은 의역이나 직역한 방법이다. 예를 들면 '랴오둥만의 얼음바다(辽东湾冰海)(2014봄)', '서귀포 색달리(西归浦穑达里)(2014여름)', '상모리 패총(上摹里贝塚)(2014여름)' 등이 그것이다. 수집한 자료 중에 음역법으로 번역된 문화어휘는 24개, 2.5%로 비교적 적은 편이다.

[표 9] 음역의 예시

유형	출발 언어	도착 언어	출처	번역방법
건축물 유적지	런던플레저가든공원	伦敦弗雷泽公园	2013秋	음역+직역
	맥아더동상	麦克阿瑟铜像	2014春	음역+직역
	바그다드카페	巴格达咖啡屋	2012夏	음역+의역
복식	다스베이더마스크	达斯·维达的面具	2013春	음역+직역
	자라	飒拉	2012冬	음역
예의 및 풍습	베두인족	贝都因	2012夏	음역
예술 및 종교	판소리	盘索里	2013秋	음역
사회 제도	밀리오레	美利来	2012冬	음역
역사	매소홀	买召忽	2014春	음역
	미추홀	弥邹忽	2014春	음역
문학 작품	『에비터젠의 유령』	《艾比托真的幽灵》	2014冬	음역
	<마리 이야기>	《美丽物语》	2012春	음역+의역
	<뽀롱뽀롱뽀로로>	《小企鹅宝露露》	2012春	음역+의역

(4) 해석법

네 번째는 해석법으로 직역이나 의역, 음역 후 필요한 곳에 적당한 주석을 달거나 연대를 표기하는 방법이다. 보통 해석법은 세 가지 유형으로 나뉘는데 첫 번째는 직역에 주석 달기, 두 번째는 의역에 주석 달기, 세 번째는 음역에 주석 달기이다. 어휘통계를 보면 해석법 사용빈도가 다섯 곳뿐이고 다섯 곳 중 네 곳은 직역에 주석을 달았다.

'죽비竹篦(禅杖)(2013여름)', '오신채五辛菜(마늘, 파, 부추 등 맛이 강하고 매운 다섯 가지 채소, 불교에서는 이 다섯 가지 채소가 수행에 방해가 된다고 여김)', '정랑净廊(화장실)(2013여름)', '포작(鲍作)(鲍作: 관아에 전문적으로 전복을 진상하는 책임자)'는 직역에 주석을 단 것이고 '마당방(마치 방처럼 사용하기에 마당방이라 했다)'만 의역에 주석을 다는 방법을 써서 '院落房(방 사용에 고대에는 院落房이라 했다)'이라 번역하였다. 이는 문화어휘 번역이 한자어의 영향으로 인해 다수가 직역되었음을 증명한다.

[표 10] 해석법의 예시

유형	출발 언어	도착 언어	출처	번역방법
종교 신앙	죽비(竹篦)	竹篦(禅杖)	2013夏	직역+해석
	오신채(五辛菜)	五辛菜(蒜、葱、韭菜等气味强烈、味辣的五种蔬菜，佛教认为这五种蔬菜会妨碍修行)	2013夏	직역+해석
	정랑(뒷간)	净廊(厕所)	2013夏	직역+해석
역사	포작(鲍作)	鲍作(鲍作: 专门负责采取鲍鱼进奉给官衙的人)	2014夏	직역+해석
건축	마당방(마치 방처럼 사용하기에 마당방이라 했다)	院落房(當房间使用，故稱为院落房)	2013秋	의역+해석

이상 수집한 문화어휘를 보면 3/4을 넘는 문화어휘가 직역법으로 가장 많이 번역되었고, 의역이나 음역법의 사용빈도가 낮음을 알 수 있다. 직역법의 사용빈도가 높은 것은 텍스트에 출현한 문화어휘의 대부분이 한자어란 점과 밀접한 관계가 있다.

그리고 한자어가 한국어에서 차지하고 있는 비중도 반영되어 있다고 볼 수 있다. 또한 한국과 중국 양국문화의 유사성이 비교적 크다는 점도 직역법의 사용빈도가 높은 이유를 뒷받침해 준다.

3.3. 문화어휘 번역상 문제점

통계결과를 살펴보면 문화어휘 번역에서 주목할 만한 문제점이 두 가지 있다. 하나는 직역법의 범람인데 번역자가 양국 언어에서 형식적으로 동일한 한자를 단순히 등가 처리하고, 문자 형식 이면의 의미는 간과하여 두 언어 간에 구별되는 각각의 뜻을 표현해내지 못한다는 문제가 있다. 이로 인해 원문 독자와 번역문 독자 간에 인지의 편차가 생겼다. 두 번째는 음역효과가 이상적이지 않다는 점인데 음역 시 언어형식을 선택할 때 한자의 표의적 특징을 고려하지 않아 번역문을 읽는 독자의 이해에 적잖은 장애를 일으키는 문제가 생겼다.

3.3.1. 직역의 문제점

번역자가 한국어 문화어휘를 중국어 한자에 바로 대응시켜 번역을 하면 장단점이 있을 수 있다. 장점으로는 우선 원문 어휘의 정확한 어의(语义) 표현이 가능하여 일목요연하게 원문단어의 어의정보를 재현함으로써 중국 독자가 자신에게 익숙한 문화시스템을 참조하여 정보를 포착하고 쉽게 이해할 수 있다는 점을 들 수 있다. 아울러 중국 독자는 직역한 어휘를 통해 일종의 친근함도 느낄 수 있다. '서울경마공원'을 '首尔赛马公园(2014봄)'으로 번역한 것이나, '음양오행'을 '阴阳五行(2012가을)'으로, '행궁'을 '行宫(2013봄)'으로, '아편전쟁'을 '鸦片战争(2014봄)'으로 번역한 것 등을 예로 들 수 있다.

또 다른 장점으로는 원문 문화의 정서를 보존하여 자신의 문화특징을 유지하게 한다는 점을 들 수 있다. 예를 들면 '해녀'를

'海女(2014년 여름)'로 번역한 것은 원문단어의 어의를 정확히 표현해 내어 독자가 인물 형상을 대략적으로 상상할 수 있고 또한 독자에게 하나의 문화를 선사해 '해녀' 문화에 대한 호기심과 관심을 갖게 할 수 있다. 또 하나의 예로 '이강주'의 번역인 '梨姜酒(2013겨울)' 역시 독자에게 '이강주'가 나타내고자 하는 제조 재료(배, 생강)을 명확하게 표현하였고 아울러 독자들로 하여금 이 술의 맛을 상상할 수 있게 하였으며 더 나아가 맛을 보고 싶은 마음을 이끌어 냈다고 볼 수 있다. '훈민정음'을 '训民正音(2012봄)'으로 번역한 것이나 '한강의 기적'을 '汉江奇迹(2013봄)'으로 번역한 것 등도 한국문화 전파에 도움이 되었다.

하지만 번역자들의 허술한 점도 존재하는데 바로 원문의 한자를 단순히 중국어 한자로 직역을 하는 것이다. 한·중 양국의 한자와 한자 어휘 간에는 밀접한 관련성이 있기는 하지만 사회 발전에 따른 많은 변화를 거쳤기 때문에 번역 시 양국 한자를 단순히 등가 처리해서는 안 된다.

예를 들어 '청담동'을 '清潭洞(2012겨울)'과 같이 직역하는 것은 적절하지 않다. '동'은 지방행정구역 단위의 하나로 시, 구의 관할 단위이며 중국의 '街道社区' 단위에 해당한다. 중국 독자들은 '洞'이란 한자를 '洞穴', '窟窿'로 이해하기 때문에 사람들은 보통 '모모洞'을 여행지 '모모洞穴'로 인식하지 행정단위로 생각지 않아 오해가 생길 수 있다. 이것은 '信'의 원칙에 위배된다. 이러한 경우 마땅히 '清潭社区', '清潭街'로 고쳐야 한다.

예를 하나 더 들면, '방어진'이 '方鱼津(2014)'으로 직역된 것을 확인할 수 있다. 보기에는 별 문제가 없어 보이지만 그렇지 않다. 한국 독자는 '방어진'이란 이름을 보면 자연경관이 수려한 항만을 금방 떠올리지만 문화배경이 완전히 다른 중국 독자들은, '方魚津'을 단지 '方'、'鱼'、'津' 3개의 개별한자로 보고 어떤 의미도 생각하지 못한다. 더욱이 항만이란 사실은 상상할 수도 없으므로 이러한 번역은 원문정보의 결함이라 할 수 있다. 마땅히 '方鱼津灣'이나 '方鱼津港'으로 보충 번역해야 한다.

또 한 가지 예는 2014년 여름 간행물의 제목 하나가 '한국의 백두대간'인데 중국어로 이 제목을 '韩国的白头大干'으로 번역해 논 것을 볼 수 있다. '大干'은 중국어에서 하나의 단어가 아니므로 아무런 어의를 나타낼 수 없다. 만약 전체 문장을 읽지 않는다면 '대간'의 어의를 알 수 없기 때문에 외국어 번역의 '信'의 원칙에 위배된다. 필자는 이 문장의 '대간'을 '山脉'로 번역해야 한다고 본다.

이 밖에 일부 문화어휘는 신중함이 없이 과도한 직역을 했다. 예를 들어, '해시계'를 '太阳钟(2013가을)'으로 번역하였는데 '해시계'는 중국어에도 '日晷'로 대응되는 표현이 있다. 다른 예를 보면 '병자호란'을 '丙子战乱(2014년 여름)'이라 번역했는데, 중국사서에는 '병자호란'이 '丙子之役' 혹은 '丙子胡乱'으로 기재되어 있음을 확인할 수 있다(양소전(楊昭全), 1992:259 -263). 중국에서 명, 청 양조가 교체되던 시기 청나라는 당시 조선이 청나라에게 조공하도록 침투사건을 일으켰다. 한편 '아관파천'을 '俄馆播迁(2014 봄)'이라 번역한 것도 있는데 이러한 번역문은 이해하기 어려워 문화장벽을 허물지 못한 예의 하나로 보여지며 '播迁'을 '避难'이나 '出走'로 고쳐야 의미를 올바로 이해할 수 있다.

개별적으로 오역한 예도 있다. '광장시장'이 '广场市场(2012겨울)'으로 번역되어 있는데 실제로는 '廣藏市場'이어야 한다.

3.3.2. 음역의 문제점

한자는 표의문자이기 때문에 음역을 할 때도 언어형식의 선택을 고려해야 하지만 표음 또한 중국어 번역문의 하나의 기준이 될 수 있다. 이 책에서 수집된 자료를 보면 표음만을 목적으로 한 것이 분명한 경우가 있는데 이런 경우 번역문의 어의가 부족하여 독자들이 번역본을 이해하는데 적지 않은 장애를 일으킨다. 예를 들어, '설렁탕'이 '先农汤(2013겨울)'으로 번역되었는데 이 번역은 '설렁탕'의 유래를 참조한 것으로 볼 수 있다. 조선 시대에는 매년 경칩 이후 첫 돼지날[亥日]이 되면 동대문 밖 보제원(普齊院) 동쪽 마을(지금의 제기동으로 서울대 사범대가 있던 자리)에 선농단(先農壇)을 쌓아두고 최초로 농사짓는 법을 가르쳐 주었다는 선농씨(神農氏)를 기리고 그해의 풍년을 기원하는 제사를 지냈다. 이 때 제사에 참여한 임금이 여러 신하들과 함께 친히 밭을 갈고 논에 모를 심는 의식을 가졌다. 선농단에 제사를 지낼 때 소와 돼지를 잡아서 통째로 상에 올려놓았는데 제사가 끝나면 소고기로는 국을 끓이고 돼지고기는 삶아 먹었다고 한다. 이 날만큼은 임금도 백성들과 함께 음식을 들었으며 많은 사람이 한꺼번에 먹기 위해서 큰 솥에다 국을 끓여서 밥을 말아 먹었다고 한다. 이때 소를 잡아서 끓인 국을 선농탕(先農湯)이라고 하던 것이 변해서 설렁탕이 된 것이다.[33]

앞서 제3장에서 외국어 번역이 추구하는 세 가지 효과를 언급했는데 바로 이해, 동의(인정), 호기심 유발이다. 한국문화에 대

---

33 정민, 강민경, 박동욱, 박수밀(2011). 살아있는 한자 교과서 제1권 생활과 한자. 휴머니스트.
http://terms.naver.com/entry.nhn?docId=1523565&categoryId=41819&cid=41819

한 특별한 정보가 없는 중국 독자들은 '선농탕(先農湯)'으로 번역된 것을 보면 너무 추상적이어서 '설렁탕'이 어떤 음식인지 알 수 없다. 음식을 알아야 비로소 그 음식에 대해 호불호가 생기고 음식의 유래 등에도 관심을 갖게 된다. 그러므로 이 어휘에 대한 문화정보는 해석 형식으로 보충할 수 있다. 다시 말해 음식에서는 기본 프레임이 우선되며 문화프레임은 그 다음이라는 뜻이다. 그러므로 설렁탕은 국밥의 일종으로서 '牛肉汤饭(소고기탕(국)밥)'이라 번역할 수 있다.

한 가지 예를 더 들면, '판소리' 는 2013년 가을호와 2014년 가을호에 각각 '盘索里(2013가을)'와 '判素里(2014봄)'로 번역되어 있는 것이 확인되었는데, 두 번역자가 '판소리'라는 단어에 대한 인식을 제대로 못해 번역의 통일성을 잃어 심각한 문제를 야기했다. '盘索里'와 '判素里' 두 번역 모두 '판소리'의 본 어의를 반영하지 못하였다. 단순히 어음 번역을 하면 목표 언어 독자가 이해하기 어려워 심각한 문제를 초래하게 되며 단순한 소리모방은 번역의 완성도를 떨어뜨린다. '판소리'에 대한 번역은 기타자료에 있는 '清唱'의 번역이 두 번역보다 낫다.

음의 결합법에 따라 번역을 하면 효과는 완전히 다르다. 예를 들어, '밀리오레'를 '美利来(2012겨울)'로 번역한 것은 원문의 발음을 살려냈고 동시에 주어 서술어 단문 구조로 독자가 파악 가능한 언이형식을 택한 것으로 볼 수 있다. 필자는 '美丽来'라 번역했다면 더 적절할 것이라 생각한다. '丽'는 '利'와 동음으로 중국어의 '美丽'는 '아름답다'는 뜻이다. 따라서 의류 도매시장인 '밀리오레'의 성격에 맞게 '아름다움을 가져오다'라는 의미가 더욱 적절하다고 본다.

3.3.3. 의역의 문제점

통계자료에 따르면 많은 번역자는 한자의 영향을 받지 않고 의역법을 통해 원문의 어의를 비교적 잘 전달한 것으로 나타난다. 예를 들면 '계담(溪潭)'을 '溪水潭(2013가을)'로 번역한 것이나, '장인(匠人)'을 '大师(2012봄)'로, '판자촌'을 '棚户房(2013봄)'으로, '카피'를 '山寨产品(2012겨울)'으로 번역한 것을 언급할 수 있다. 하지만 여기에도 일부 문제점이 존재한다.

우선 목표 언어 문화에 대한 이해가 부족하고 독자의 시각을 고려하지 않았다는 점을 들 수 있다. 예를 들어 '육개장'을 '细丝牛肉汤(2014여름)'으로 번역한 것을 볼 수 있는데 한국문화를 모르는 중국독자들은 이 음식이 무척 매울 수 있다는 것을 모르고 단순히 중국의 '牛肉汤'과 같은 음식으로 간주해 한국음식에 대한 잘못된 인식을 가질 수 있다. 또 '국밥'을 '汤泡饭'으로 번역하면 탕에 밥을 말아 먹는 방법이 형식적으로는 중국의 국밥과 비슷하긴 하지만, 중국인은 보통 '汤泡饭'은 소화가 잘 되지 않으므로 좋은 식사 습관이 아니라는 인식을 하고 있기 때문에 중국독자의 오해를 가져올 수 있다. 필자는 차라리 '汤饭'으로 직역하는 것이 낫다고 본다.

다음은 부분으로 전체를 표현하는 경우이다. 의역 후의 어의와 원문 어의가 동일하지 않은 것으로 예를 들면, '고무신'을 '钩头胶鞋(2012겨울)'로 번역한 것과 '胶鞋'(『진명한중사전』, 1998:119)로 번역한 자료가 있다. 번역문 '胶鞋'[34]로 중국독자는 '水鞋', '解放鞋'

---

34 胶鞋: 用橡胶制成的鞋，通常指雨鞋。有时也指橡胶底布面的鞋。——《汉典》(고무로 만든 신발, 일반적으로 '우신(비올 때 신는 신발)'을 가리킴. 때로는 신발 바닥이 고무로 된 신발 가리킴.——《汉典》)

와 '运动鞋'를 연상할 수 있다. '水鞋'는 바닥과 윗부분의 재질이 모두 고무라서 '胶鞋'로 불린다. 이 밖에 '胶鞋'는 또한 '解放鞋'와 '运动鞋'를 가리키는 말이기도 하다. 이는 한국어의 '고무신'과 아무런 관계가 없다. 번역자는 단지 가공재료가 같아 '고무신'을 '胶鞋'로 번역한 것이다.

'식혜'를 '米酒(2014여름)'라고 번역한 것도 같은 예이다. '식혜'는 음료로 '米酒', '酒酿'(『진명한중사전』, 1988:1089)과는 다르다. 번역자가 술 주 자를 써서 번역한 이유는 제조 원료가 같다는 점에 착안한 것이겠지만 실제 제조과정을 간과했다는 점을 알 수 있다. '식혜'는 외관, 맛, 식감 등으로 봤을 때 중국인에게 비교적 익숙한 '西米露', '甜米露'[35]와 흡사하므로 그렇게 번역하는 것이 낫다.

이 책에서 수집한 문화어휘 자료에 있는 각종 문제를 바탕으로 번역문에 대한 독자의 느낌과 필자의 판단을 증명하기 위하여 설문조사를 진행하였다. 이에 대해서는 5장에서 다루고 있다.

35 [네이버사전] http://cndic.naver.com/search/all?q=%EC%8B%9D%ED%98%9C (2014년 10월 20일 검색)

4. 번역 평가용 독자 대상 설문조사

4.1. 조사 목적

본 연구에서는 번역물을 평가하기 위해 중국인 독자를 대상으로 설문조사를 실시하여 실제 텍스트 수용자인 도착어 문화권 독자들의 반응을 조사하였다. House(2001)는 번역물에 대한 평가는 세 가지 접근 방식을 통해 가능하다고 보았다. 첫 번째는 심리주의적 접근(mentaist appproach)으로 의미를 가정하거나 추정하는 것이며, 두 번째는 반응 중심 접근(response-based approach)으로 번역물에 대한 독자의 반응을 알아보는 것이고 세 번째는 텍스트, 담화 중심 접근(discourse-based approach)이다.

이 중에서 이 책은 독자의 반응을 알아보기 위한 방법으로 독자 반응 중심 접근을 번역물 평가 방법으로 선택하고 독자 설문조사를 실시하였다. 텍스트 수신자인 독자가 텍스트의 적정성 측면에서 가치 있는 판단을 할 수 있는 중요한 변수라는 점에서 설문조사는 반드시 필요한 과정이라고 할 수 있다(McAllester, 2000). 또한 본 설문조사의 도출 결과는 연구 결과에도 영향을 미칠 뿐만 아니라 번역자의 문화어휘 번역의 전략적 선택에서 고려되는 변수가 될 수 있으므로 매우 중요하다고 할 수 있다.

설문조사는 중국에서 거주하는 독자들 중 한국어를 공부한 경험이 있거나 한국 기업에 취직한 자, 학업, 취직, 자영업 등 기타 목적으로 한국에 간 적이 있는 중국인으로 한국과 관련이 있는 사람만을 대상으로 하였다. 설문조사 대상을 한국과 관련이 있는 중국인으로 제한하여 선별한 이유는 그들이 번역물의 실질적 혹은 잠재적 독자이기 때문이다. Nord(1998:196)는 전문적인 텍스트 생산자는 어떤 텍스트 수신자나 만족시키려는 것이 아니라, 번역물을 읽고자 하는 특정한 도착 그룹을 정하여 그 도착 그룹에 속하는 독자를 만족시켜야 한다고 보았다. 이와 마찬가지로 자료 분석 대상으로 삼은 텍스트는 한국에 관심이 있는 도착 문화권의 독자들이 한국에 관한 정보를 얻고자 할 때 유익한 자료로 활용될 수 있는 것들이다. 그런 의미에서 조사 대상은 기존의 텍스트를 한 번 이상 읽었을 것으로 가정할 수 있으며, 읽은 적이 없더라도 잠재적인 독자로 간주할 수 있다. 이러한 실질적이거나 잠재적인 독자들이 설문조사에 참여하면 문화어휘의 중국어 번역에 대한 객관적인 평가를 받을 수 있을 것이라 생각된다.

4.2. 조사 방법

설문조사는 2014년 8월부터 10월까지 3개월 동안 실시되었으며, 각각 직접 면담 또는 이메일을 통한 서면 작성으로 진행되었다.

4.2.1. 설문지 작성

설문조사 방법으로 조사 참여자에게 필자가 제3장에서 문제가 있다고 생각한 문화어휘의 번역어를 직역, 음역, 의역, 일사다역(一詞多譯)[36] 네 부류로 나누어 독자들의 수용 정도 고찰을 목표로 하여 조사를 실시하였다. 의역과 음역에 비해 직역의 문제점이 보다 더 많기 때문에 직역 13개(축자(逐字)적 직역 10개+일반직역 3개), 의역 5개, 음역 2개, 일사다역(一詞多譯) 4개 총 24개의 질문을 만들었다.

3장에서 필자가 문제가 있다고 판단된 번역물을 다른 독자들은 어떻게 생각하고 있는지를 확인하고, 독자들의 반응을 통해 번역물이 어떤 프레임을 활성화시켰는지, 그 프레임이 원문을 살린 프레임과 일치하는지를 알아보았다.

설문지의 1번부터 4번까지는 참여자의 개인 정보와 한국에 대한 관심 여부, 한국 문화에 대한 배경 지식을 가지고 있는지를 알아보기 위해 작성되었다. 5번부터는 독자들의 번역물이 살린 도착프레임에 대한 반응을 고찰하는 문제들인데 5번부터 13번까지는 관광명소와 지명, 도로명칭 등을 직역한 역문들을 선정

36 일사다역(一詞多譯)은 한 가지의 문화어휘가 여러 역문으로 번역하는 것.

하여 독자들의 대답을 통해 번역물이 어떤 프레임을 살렸는지를 알아보았다. 이 문제들을 통해 도착프레임이 원문이 살린 관광명소나 지명, 도로 명칭의 원천프레임과 일치하였는지를 고찰하였다. 5번부터 10번까지는 축자(逐字)적으로 직역한 문화어휘의 예시인데 역문이 독자들에게 정확하게 받아들여지는지 그리고 번역물이 원문과 비슷한 프레임을 살렸더라도 독자는 어떤 표현을 더 선호하는지를 살펴보았다. 11번부터 13번까지의 문제는 일반적 직역의 예시인데 이 부분에서는 독자들이 번역물을 제대로 이해하였는지, 번역물이 살린 프레임이 독자의 오해를 불러 일으키지는 않았는지를 주로 고찰하였다. 14번부터 18번까지의 문제는 의역한 예시이고 독자들이 생소한 표현으로 번역한 역문에 대한 수용 정도를 고찰하기 위해서이다. 19번, 20번은 음역의 예시고 글자를 통해 의미 판단이 불가능한 예시에 대한 독자의 수용 정도를 알아보려 만든 질문이다. 21번부터 24번까지의 문제는 일사다역(一詞多譯)의 예시인데 독자의 대답을 통해 독자가 여러 번역어에 대한 수용 정도를 분석하고자 한다.

언어 환경의 부족으로 인한 문맥 이해의 어려움을 해소하기 위해 설문조사에서는 문장과 문단의 형식으로 원문과 번역물을 제시하였다.

4.2.2. 참여자 선정

참여자의 선정은 문화어휘가 일반어휘보다 전문성이 있다고 보고, 유용한 데이터 수집을 보장하기 위해 4년제 한국어학과의 학부생, 한국어 전공의 대학원생, 한국어 교사, 한국 회사의 직원, 연구소의 연구원 등을 중·고급 한국어 학습자, 초급 한국어 학습자 및 한국어 학습 경험이 없는 자 등 세 부류로 나누어 조사 대상으로 선정하고 최종적으로 141명 참여자의 설문지 표본을 선정하였다.

4.2.3. 조사 실시

설문조사는 참여자가 직접 설문지에 답을 작성하는 방법과 참여자를 대신하여 연구자가 작성하는 방법으로 실시하였다. 본 연구를 위한 설문 조사는 먼저 참여자가 직접 답변을 서면으로 작성하고, 필요한 경우 연구자가 추가 질문을 통해 답변을 듣고 설문지에 보충하는 방식으로 진행되었다.

본 연구의 궁극적인 목적은 단순히 현상을 고찰하는 네에 그치는 것이 아니라, 향후 보다 효과적인 한국어 문화어휘의 중국어 번역 방안을 제시하는 데 있다.

4.3. 조사 결과 분석

4.3.1. 참여자 개인 정보 및 관심도 분석

설문 중 1번부터 4번까지는 참여자의 개인 정보와 한국에 대한 관심도를 알아보기 위한 질문이다.

1번 문제 참여자가 한국 문화에 관심을 갖고 있는지를 묻는 질문에 대한 분석 결과는 [표 11]과 같다. 설문 참여자 대부분이 한국 문화에 관심이 있다고 답변하였으며, 그중 '관심이 아주 많다'는 응답자는 52명(37%)이며, '보통'이라고 응답한 수는 79명(56%)이고, 10명(7%)의 응답자는 '관심이 별로 없다'라고 답변하였다.

2번 '구체적으로 관심 있는 분야'에 대한 항목은 복수 응답을 허용하여 관심 있는 분야를 모두 선택할 수 있도록 하였다. 복수 응답을 허용한 2번 문제에서 대부분의 참여자들이 두 가지 이상의 항목을 선택하였다. 1번 문항에서 '관심이 별로 없다'라고 답한 참여자 또한 '관광'과 '전자 제품'이라고 복수 응답을 하였다. 관심 분야의 분포 상황은 [표 12]와 같다.

복수 응답을 모두 개별 표준으로 변환했을 경우, 총 표본수가 141명이 아닌 342명으로 나타났다. 그중 관광(28%)에 대한 관심이 가장 높았지만 드라마 및 영화(26%)와 큰 차이를 보이지 않았다. 뒤를 이어 전자제품(21%), 음식(12%), 음악, 무용(9%), 생활방식, 운동 종목, 운동선수, 한국어(각 1%), 기타(0.6%), 전통예술(0.4%)의 순서로 나타났다. 설문 응답을 통해 중국 독자들이 한국 문화 항목 중에서 관광과 드라마 및 영화, 음식 등에 관심이 많다는 것을 알 수 있었다.

[표 11] 문제1 한국에 대한 관심도

분류	인수(명)	비율(%)
관심이 아주 많음	52	37
보통	79	56
관심이 별로 없음	10	7

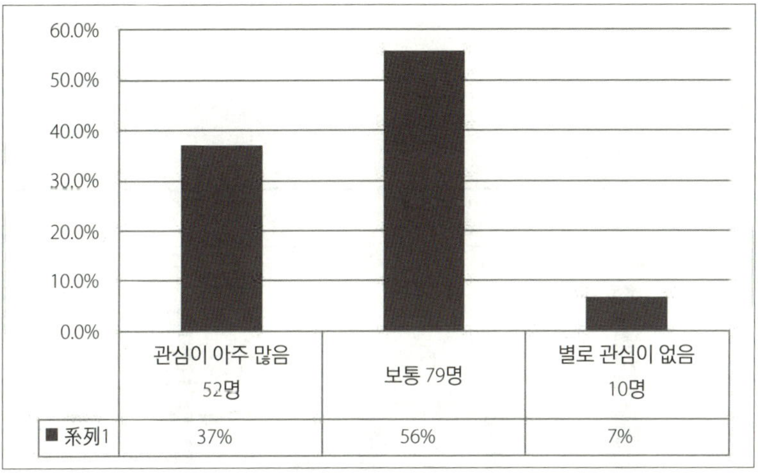

[그림 5] 문제1 한국에 대한 관심도

[표 12] 문제2 한국에 대한 관심 분야의 분포

분류	인원수(명)	비율(%)
관광	39	28
한국어, 한글	1	1
과학기술, 전자제품	30	21
전통예술	1	0.4
한국 음식	17	12
음악, 무용	13	9
생활 방식	1	1
드라마, 영화	37	26

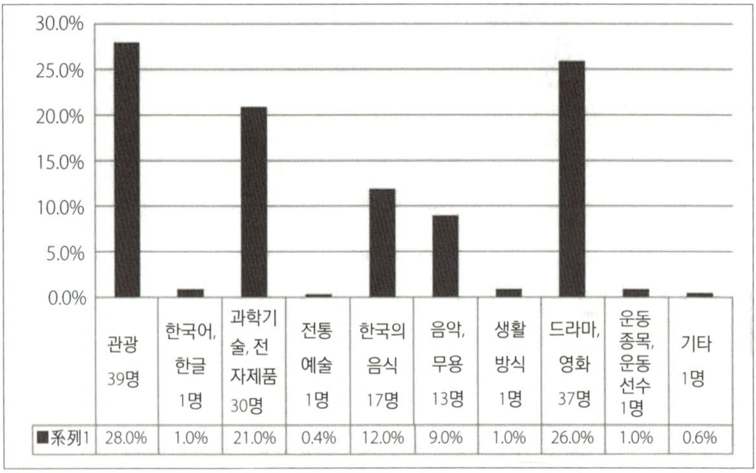

[그림 6] 문제2 한국에 대한 관심 분야의 분포

문제3은 한국어 학습 경험에 관한 질문인데 이 책에서는 문화어휘가 일반어휘보다 전문성이 높다고 여겨 2년 이상의 한국어 학습 경험이 있는 중·고급 학습자, 2년 이하의 한국어 학습 경험이 있는 초급 학습자, 그리고 한국어 학습 경험이 없는 자 등 세 분류로 나누어 질문하였다. 설문 참여자 중 중·고급 학습자는 46명(33%), 초급 학습자는 53명(37%), 한국어 학습 경험이 없는 자는 42명(30%)이었다.

[표 13] 표본의 한국어 수준별 분포

분류	인원수(명)	비율(%)
초급자	53	50.35
중,고급자	46	41.13
한국어 공부 경험이 없는 자	42	8.52

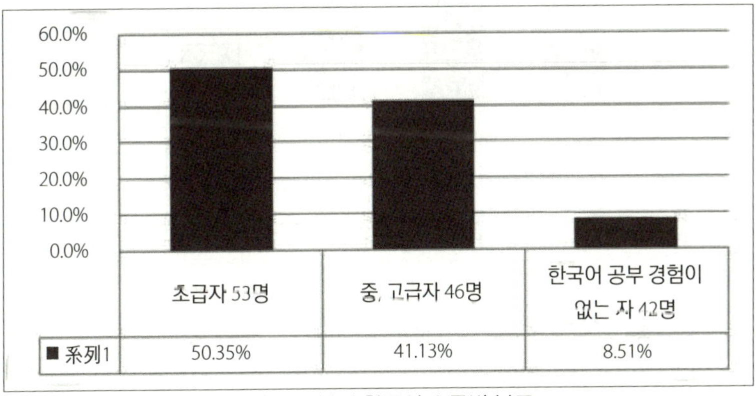

[그림 7] 표본의 한국어 수준별 분포

141명 참여자의 연령대 분포는 [표 14]과 같다.

[표 14] 표본의 연령대별 분포

분류	인원수(명)	비율(%)
10대	32	22.7
20대	58	41.13
30대	34	24.11
40대	15	10.64
50대	2	1.42

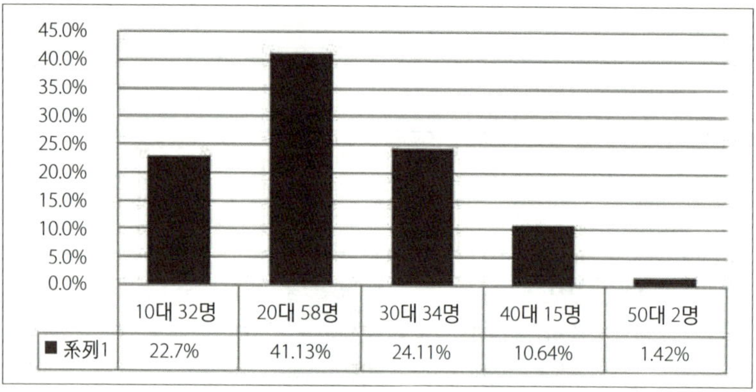

[그림 8] 표본의 연령대별 분포

설문 참여자의 연령은 20대가 58명(41%)으로 가장 많았으며, 그 뒤로 30대가 34명(24%), 10대가 32명(23%), 40대가 15명(11%), 50대가 2명(1%)순으로 나타났다. 참여자의 연령대는 균형 있게 분포되어 있다.

4.3.2. 직역에 대한 조사 결과 분석

5번부터는 본격적으로 문화어휘의 번역에 대한 심층적인 질문을 다루고 있다.

5번부터 10번까지는 관광명소와 지명, 도로명칭 등을 축자(逐字)적으로 직역한 문화어휘의 예시인데 독자들의 대답을 통해 역문이 독자들에게 정확하게 받아들여지는지 즉 번역물이 살린 도달프레임이 원문이 살린 원천프레임과 일치한지를 살펴보고자 하였다.

〈문제5〉

원문: 하이엔드 패션거리/도산공원과 청남동

역문: 高级时尚街:岛山公园和清潭洞

——<하이엔드 패션거리/도산공원과 청담동>(2012 겨울호)

(1) 번역문을 읽고 느낀 점은 무엇입니까? (　　)

A. 앞뒤 문장 모두 모순된다.
도산공원과 청담동은 패션거리가 아니다.

B. 일부 모순된다. 도산공원은 패션거리가 아니다.

C. 번역문은 틀린 곳이 없다.

5-(1)번은 번역물 '岛山公园'과 '清潭洞'이 살린 프레임과 원문 '도산공원'과 '청담동'이 활성화시킨 프레임의 동일성 여부에 대해 알아보기 위한 질문이다. 한국인 독자는 도산공원과 청담동이 패션거리라고 의식하겠지만 중국인 독자는 같은 생활 경험이 없기 때문에 번역물 '岛山公园'을 보고 공원프레임은 살리겠

지만 패션거리까지는 연상하지 못할 것이다.

정답 A는 앞뒤 문장 모두 모순되고 도산공원과 청담동은 패션거리가 아니라는 의미이다. A를 선택한 독자는 도산공원과 청담동이 모두 패션거리가 아니라고 판단하고 있다. 정답 B는 도산공원이 패션거리가 아니라는 인식으로 문장이 부분적으로 모순된다는 의미이다. B를 고른 독자는 청담동을 잘 알고 있기 때문에 청담동은 패션거리라고 생각하지만 도산공원은 공원일 뿐이고 패션거리가 아니라는 판단을 하고 있다는 것을 알 수 있다. 정답 C는 번역물이 틀린 곳이 없다는 의미이다. C를 고른 독자는 도산공원과 청담동에 대한 지식이 있어서 한국인 독자와 같은 프레임을 가지고 있다는 것을 알 수 있다.

A를 선택한 참여자는 65명으로 46%이며, B를 선택한 참여자는 63명으로 45%이다. C를 선택한 참여자는 13명으로 9%에 불과했다. 이를 통해 독자는 '岛山公园'과 '清潭洞'의 문화 정보에 대해 그다지 잘 알지 못하고 있는 것을 알 수 있으며, 번역물이 살린 프레임에 두 곳이 하이엔드 패션거리라는 요소가 빠져있다는 것을 알 수 있다. 45%의 독자가 B를 선택한 것으로 보아 역문 '岛山公园'이 활성화시킨 프레임은 하이엔드 패션거리의 프레임이 아니라 '도산'이라는 공원의 프레임이라는 것을 알 수 있다. 그리고 독자들이 '岛山公园'에 비해 '清潭洞'을 더 많이 알고 있다는 것으로 해석할 수 있다. 그러므로 이 번역물은 '岛山公园'이 공원의 프레임만 살렸다는 것으로 볼 수 있다.

(2) '**文鹤洞**(문학동)(2014봄)', '**东崇洞**(동숭동)(2013년봄)'은 무엇이라고 생각하십니까? (　　)

A. 관광명소　　B. 거리명칭　　C. 모르겠음

5-(2)번 문제는 5-(1)번 문제에서 독자들의 '淸潭洞'에 대한 이해를 근거로 독자가 한국어의 행정 단위 '洞'에 대한 인식이 있는지 여부를 고찰하기 위한 것이다. 즉 번역물 '淸潭洞', '东崇洞'이 살린 프레임과 원문 '청담동', '동숭동'이 활성화시킨 프레임의 동일성 여부에 대해 알아보기 위한 질문이다. 한국인 독자는 '청담동', '동숭동'이 행정구역이라고 의식하겠지만 중국인 독자는 '淸潭洞', '东崇洞'을 보고 행정구역프레임 대신 명승고적 또는 지명으로 의식할 것이다.

조사 결과에 따르면, 32명(23%)의 참여자는 '문학동'과 '동숭동'을 관광명소로 생각하고, 94명(67%)의 참여자는 모른다고 답하였으며, 14명(10%)의 참여자만이 이들을 행정 구역이라고 답하였다. 이를 통해 '洞'의 번역은 중국인 독자들에게 한국의 행정구역으로서의 '동' 프레임을 부각시키지 못한다는 점을 알 수 있다.

〈문제6〉

원문: 충남 공주시 사곡면 운암리 마곡사

역문: 忠清南道公州市寺谷面云岩里麻谷寺

——<절집, '나'를 찾는 사람들의 수행 공간>(2013 여름호)

번역문을 읽고 느낀 점은 무엇입니까? (　　)

A. 마곡사(麻谷寺)의 구체적인 주소를 뜻한다.

B. 사곡면(寺谷面), 운암리(云岩里), 마곡사(麻谷寺) 3곳을 뜻한다.

C. 잘 모르겠다.

6번 문제는 독자들이 역문의 뜻을 잘 이해했는지, 그리고 독자들이 한국의 행정단위인 '면'과 '리'에 대해서 알고 있는지를 알아보기 위한 질문이다. 번역문 '忠清南道公州市寺谷面云岩里麻谷寺'를 통해 독자들이 원문과 같은 '주소' 프레임을 살렸는지를 살펴보기 위한 목적으로 질문하였다.

결과는 A. 마곡사의 주소를 선택한 참여자는 18명(13%), B. 세 가지 명소의 이름으로 생각한 참여자는 106명(75%), C. 모른다고 응답한 참여자는 17명(12%)으로 나타났다. 75%의 독자들이 사곡면과 운암리가 마곡사처럼 특정 장소의 명칭이라고 오해하고 있다는 것을 알 수 있는데, 이것은 중국 독자들이 '면'과 '리'를 행정적 단위로 인식하지 못하고 있음을 말해 준다. '面', '里'와 같은 번역을 통해 중국인 독자들이 한국의 행정구역으로서의 '면'과 '리'의 프레임을 부각시키지 못한다는 점이 밝혀진다.

〈문제7〉

원문: 김극천 씨의 아버지 김덕룡(金德龍) 또한 은빛 찬란한 통영 백동장석의 견고하고도 화려한 문양을 살린 탁월한 장석 제작 솜씨로 명가의 이름을 높였다고 한다.

역문: 金克千的父亲金德龙也是一位出众的饰件制作工匠，他恢复了统营白铜饰件坚固而华丽的造型图案，以非凡的饰件制作手艺提升了饰件名家的声誉。

——<통영 백동장석의 명가>(2012 겨울호)

번역문을 읽고 느낀 점은 무엇입니까? (　　)

A. '**统营白铜饰件**'은 한 단어이다.

B. '**统营白铜饰件**'의 의미는 '통영 지역의 백동 장석"이다.

C. '统营白铜饰件'의 의미를 모른다.

7번 문제는 독자들이 역문의 뜻을 잘 이해했는지, 그리고 독자들이 중국어로 직역한 낯선 한국 지명에 대해서 얼마나 알고 있는지를 알아보기 위해 주어진 질문이다. 즉 '统营白铜饰件'라는 번역문이 부각시킨 프레임이 원문 독자들이 의식하는 통영 지역에서 나온 전통적인 백동장석 프레임과 비슷한지를 고찰하려고 주어진 문제이다.

결과는 A. '统营白铜饰件'은 한 단어로 장석의 한 종류라고 생각하는 참여자는 30명(21%), B. 통영에서 나온 백동 장석이라고 선택한 참여자는 96명(68%), C. 모른다고 응답한 참여자는 16명(11%)으로 나타났다. 의외로 정답 B를 선택한 참여자가 68%인 것은 이들이 한국의 '통영'에 대해 알고 있는 것이 아니라 문맥을 통해서 역문의 뜻을 파악한 것으로 판단된다. 30명의 독자가 '统营白铜饰件'을 한 단어로 장석의 한 종류로 생각하는 것을 보면 독자들이 생소한 '统营'에 대해 감을 못 잡고 있다고 해석할 수 있다. 즉 번역문 '统营'에서 독자들이 정확한 프레임을 부각시키지 못하는 것을 보여준다고 할 수 있다. 필자는 통영을 '统营'으로 직역하는 것보다 '统营地区的'라는 수식어를 넣어 내포된 정보를 분명하게 드러내는 것이 더 적당하다고 생각한다. 이 번역문에서는 통영이 장석의 고장이라는 정보가 밝혀지지 않고 있다.

〈문제8〉

원문: 공원의 다른 편에는 흰색 돔이 인상적인 국회의사당이 있다. 1975년부터 한국의 국회가 들어선 곳이다.

역문: 公园的另一边是白色半圆型建筑物——国会议事堂，令人印象深刻。1975年，韩国国会入驻这里。

——<당신이 봐야 할 진짜 강남(여의도)>(2013 봄호)

번역문에서 '**国会议事堂**'을 '**国会大楼**'로 수정하는 것이 적절하다고 보는가? (　　)

A. 네.

B. 아니요.

C. 잘 모르겠다.

8번 문제는 독자들이 글자대로 번역된 문화 단어의 인가 정도를 고찰하기 위해 만들어졌다. 즉 '国会议事堂'과 '国会大楼'가 각각 부각시킨 프레임 중 어느 것이 독자들에게 쉽게 수용될 수 있을지 그 원인이 무엇인지를 고찰하려고 질문하였다.

독자들에게 '国会议事堂'과 '国会大楼' 사이에서 선택하도록 했을 때 123명(87%)의 참여자는 '国会大楼'가 더 적절하다고 하였고, 17명(12%)의 참여자는 모르겠다고 답했으며, 1명(1%)의 참여자는 '国会议事堂'으로 직역하는 것이 낫다고 밝혔다. 그러므로 '国会议事堂'에 비해 '国会大楼'가 훨씬 효과적으로 '국회의사당'의 프레임을 살렸다는 것을 알 수 있다.

〈문제9〉

원문: 도심에 집이 있거나 이러한 경치를 만드는 데 한계가 있을 경우에는 산수화를 그려 벽에 걸어 놓거나 괴석(怪石) 등으로 꾸민 석가산과 연못을 마당 한쪽에 조성하기도 한다.

역문: 在城市里建造房屋或进行这种造景受到限制的时候，会在墙上挂山水画，在院子的一边用怪石堆砌石假山或者挖建一个池塘。

——<마당과 정원>(2013 가을호)

번역문에서 '石假山'을 '假山'으로 수정하는 것이 적절하다고 보는가? (　　)

A. 네.

B. 아니요.

C. 잘 모르겠다.

9번 문제도 독자가 글자대로 번역된 문화어휘의 인가 정도를 고찰하기 위해 만들어졌다. '石假山'과 '假山' 중 어느 것을 통해 목표 독자들이 더 쉽게 원천프레임과 같은 프레임을 살릴 수 있는지를 살펴보았다.

독자들에게 '石假山'과 '假山'사이에서 선택하도록 했을 때 128명(91%)의 참여자가 '假山'이 더 적절하다고 보았으며, 10명(7%)의 참여자는 모른다고 답했고, 3명(2%)의 참여자는 '石假山'으로 직역하자고 밝혔다. 그러므로 '石假山'에 비해 '假山'이 보다 더 효과적으로 '석가산'의 프레임을 부각시켰다는 것을 알 수 있다.

〈문제10〉

원문: 요즘 사람들이 흔히 고급 한국음식이라고 생각하는 한정식도 옛날 반가의 상차림과는 거리가 멀다.

역문: 今天大多数人认为韩定食是高级韩国传统饮食，但其实韩定食还是与古时候两班贵族家里的饮食相差很大。

——<음식과 전통>(2012 가을호)

위에서 언급된 '**韩定食**(한정식)'에 대한 묘사로 맞는다고 생각하는 것을 고르시오. (　　)

A. 한정식은 비빔밥, 된장국 등과 유사하며, 한국 요리 중의 하나이다.

B. 한국인이 일반적으로 먹는 한정식으로 귀한 손님을 대접하는 것이다.

C. 잘 모른다.

10번 문제는 참여자들의 '韩定食(한정식)'에 대한 인식을 고찰하기 위해 만든 질문이다. 목표텍스트 '韩定食'이 정확하게 한정식 프레임을 살렸는지를 살펴보고자 하였다. 결과에 따르면, A. 일상 음식 중의 한 종류라고 생각하는 참여자가 110명(78%), B. 손님 대접용 음식이라고 대답한 참여자가 6명(4%), C. 잘 모르겠다고 한 참여자가 25명(18%)이었다. 참여자들이 한정식을 비빔밥과 된장찌개 등 일상 음식과 같이 대등하게 보고 있으며, 한정식에 대해 정확하게 파악하지 못하고 있는 것으로 나타났다. 즉 목표텍스트가 살린 프레임이 원문텍스트가 살린 프레임과 많이 다른 것이다.

11번부터 15번까지의 문제는 일반적 직역의 예시인데 이 부분에서는 독자들이 번역물을 제대로 이해하였는지, 번역물이 살린 프레임이 독자의 오해를 불러일으키지는 않았는지를 주로 고찰하였다.

〈문제11〉

원문: 국물이 있는 안주의 대표는 술국이다. 설렁탕, 순댓국, 해장국 같은 국밥을 파는 집이라면 어디서나 주문할 수 있는 안주로, 흔히들 '소주의 친구'라고 부른다.

역문: 最具代表性的佐酒汤菜是下酒汤。 先农汤、血肠汤、醒酒汤等是在任何卖汤泡饭的小店里都可以吃到的佐酒汤菜，它们通常被称为 '烧酒之友'。 ——<소주 안주>(2013 겨울호)

'先农汤(설렁탕)'은 어떤 음식인지 고르시오. (　　)

A. 잘 모른다.

B. 설렁탕(牛杂汤)

C. 야채탕(蔬菜汤)

'先农汤'은 설렁탕에 대한 직역이다. 하지만 독자들은 역문을 보고 '先农汤'이 무슨 음식인지 판단하기 어렵다. 그래서 A. '잘 모르겠다'를 고른 참여자는 87명(62%)이고, C. '야채탕'을 고른 참여자는 54명(38%)이며, B. '설렁탕'을 고른 참여자는 한 명도 없다는 결과가 나왔다. 결과에 따르면, A를 고른 대부분의 참여자가 '先农汤'라는 번역을 보고 음식에 대해 알 수 없었다는 사실을 확인할 수 있다. 그리고 C를 고른 참여자는 글자 '农'에 대한 해석으로 설렁탕을 '야채탕'이라고 판단한 것으로 보인다. 중국 독자들은 한자가 뜻글자이기 때문에 항상 글자의 해석으로 뜻을 이해하려는 경향을 보인다. 그러므로 목표텍스트 '先农汤'의 번역은 원천텍스트 '설렁탕' 프레임과 많이 다른 프레임을 부각시키게 되어 원천텍스트의 정보를 제대로 전달하지 못하는 것으로 나타난다.

〈문제12〉

원문: 봄철에는 쑥, 냉이와 같은 산채를 넣고 끓이는 토장국을, 여름철에는 오이냉국, 미역냉국, 깻국, 영계백숙, 추어탕을 가을철에는 토란국, 송이탕, 배춧국을, 겨울철에는 곰국, 선짓국, 떡국, 만둣국 등을 먹는다.

역문: 春天，可以做放入艾草和荠菜等野菜做成的酱汤；夏天，可以做黄瓜冷汤、裙带菜冷汤、苏子冷汤、清炖子鸡汤、泥鳅汤；秋天，可以做芋头汤、松茸蛋汤、白菜汤；冬天，可以做高汤、血豆腐汤、年糕汤和饺子汤等。

——<쇠고기 미역국과 쇠고기 무국>(2012 겨울호)

위에서 언급된 '**饺子汤**(만둣국)'에 대한 묘사로 맞다고 생각하는 것을 고르시오? (　　)

A. 만두를 삶고 남은 탕

B. '훈툰(**馄饨**)'과 유사한 음식물

C. 잘 모른다.

12번 문제는 참여자들의 '饺子汤'(만둣국)에 대한 인식을 고찰하기 위해 만든 질문이다. 결과를 보면, A. 만두를 끓인 다음에 남은 국물이라고 생각하는 참여자가 92명(65%), B. '馄饨'과 비슷한 음식이라고 고른 참여자가 17명(12%), C. 잘 모른다 한 참여자가 32명(23%)으로 나타났다. 한국의 만둣국에 대해 정확한 정보를 얻지 못하고 중국의 '만두를 끓인 국물'로 착각하고 있는 사람이 상당한 비중을 차지하고 있는 것으로 나타났다. 그러므로 '饺子汤(만둣국)'에 비해 '훈툰(馄饨)'으로 번역하는 것이 보다 더 원천텍스트의 정보를 제대로 전달하면서도 중국인들에게 쉽게 받아들여질 수 있을 것이다.

〈문제13〉

원문: 이 곳에서는 실로 짠 비니를 눈 위에까지 푹 눌러쓴 어린 남학생들과 닥터 마틴 부츠를 질질 끌고 다니는 여학생들이 뿔뿔이 흩어져서 지하철역으로 걸어가는 모습을 볼 수 있다.

역문: 在这里能看到一些年纪不大的学生，男生们戴着针织无檐小便帽，帽子戴得很低，几乎快挡住了眼睛；女生们拖拉着‘马丁大夫’靴子，三三两两散乱地向地铁站走去。

——<서울 스타일>(2012 겨울호)

번역문에서 ‘马丁大夫靴子’을 ‘马丁靴’으로 수정하는 것이 적절하다고 보는가? (　　)

A. 네.

B. 아니요.

C. 잘 모르겠다.

13번 문제에서는 ‘닥터 마틴 부츠’의 역문 ‘马丁大夫靴子’를 ‘马丁靴’와 비교하여 독자의 역문에 대한 평가를 알아보았다. ‘马丁大夫靴子’와 ‘马丁靴’ 중 어느 번역이 더 쉽게 독자 머릿속의 닥터 마틴 부츠의 프레임을 살리고 더 쉽게 독자들에게 받아들여지는지를 고찰하려는 것이다.

13번 문제의 경우에는 76명(54%)의 참여자가 ‘马丁靴’가 더 적절하다고 보았고 11명(8%)의 참여자가 모른다고 답했으며, 54명(38%)의 참여자가 ‘马丁大夫靴子’가 더 적절하다고 답하였다. ‘马丁大夫靴子’에 비해 ‘马丁靴’라고 번역한 것이 독자에게 더 많은 선택을 받았고 더 쉽게 닥터 마틴 부츠의 프레임을 살렸다는 사실을 확인해 볼 수 있다.

〈문제14〉

원문: 홍대 음악은 한류로 외국에 잘 알려진 케이팝과 같이 조심스레 기획된 음악세계와 정반대의 위치에 놓여있다.

역문: 弘大的音乐与那些精心编排、风行全球的韩国流行音乐(K-POP)截然相反。

——<당신이 봐야 할 진짜 강남(홍대)>(2013 봄호)

'弘大的音乐(홍대 음악)'은 무슨 뜻인가? (　　)

A. '**弘大的音乐**'은 '기세가 웅대한 음악'을 말한다.

B. '**弘大的音乐**'은 '홍대 거리에서 만든 음악'을 말한다.

C. 잘 모르겠다.

번역문은 원문대로 홍익대학교의 약칭을 '홍대'로 그대로 번역하였다. 하지만 중국어의 '弘大'라는 말은 '홍익대학교'의 약칭보다는 우선적으로 '웅대하다'는 뜻으로 이해된다. 그래서 A. '기세가 웅대한 음악'을 고른 참여자는 90명(64%)으로 가장 많았고, B. '홍익대학교가 있는 거리에서 만든 음악'을 고른 참여자는 17명(12%)밖에 없었으며, C. '잘 모르겠다'를 고른 참여자도 24%로 나타났다. 그러므로 번역문 '弘大的音乐'과 원천텍스트 '홍대 음악'이 각자 다른 프레임을 살렸다는 것을 확인할 수 있다. '홍대'에 대한 번역은 문맥에 따라 번역 방법을 달리 택하여야 한다.

〈문제15〉

원문: "만 원짜리 옷 장사로 떼돈을 벌었다"는 '4억 소녀'처럼 '소녀 갑부' 열풍을 불러왔던 쇼핑몰들이 앞 다퉈 중국, 일본, 미국에 법인을 세웠다.

역문: 这些网站培养出了一系'少女富翁',比如以卖单价一万韩元的衣服而发家的'四亿少女'等等,掀起了年轻女性上网开店的风潮,并竞相在中国、日本、美国等地设立了海外法人。

——<새로운 동반자, 인터넷 쇼핑몰>(2012 겨울호)

'少女富翁'와 '少女富婆'중 어떤 것이 더 적절하다고 생각하십니까?

(　　)

A. 少女富翁

B. 少女富婆

C. 잘 모른다.

15번 문제는 '소녀 갑부'의 번역문 '少女富翁'을 '少女富婆'와 비교하여 독자의 번역문에 대한 평가를 받기 위해 만든 질문이다. '少女富翁'과 '少女富婆' 중 어느 번역이 살린 도달프레임이 더 적절한지를 고찰해 보았다. 결과는 34명(24%)의 참여자가 '少女富翁'이 더 적절하다고 하였고, 16명(11%)의 참여자가 모른다고 하였으며, 91명(65%)의 참여자가 '少女富婆'가 더 적절하다고 답하였다.

4.3.3. 의역에 대한 조사 결과 분석

16번부터 18번까지의 문제는 의역한 예시이고 독자들이 생소한 표현으로 번역한 역문에 대한 수용 정도, 그리고 그것이 독자의 번역문에 대한 이해에 영향을 주는지 여부를 살펴보기 위해 만들어졌다. 이를 통해 도달텍스트가 원천프레임에 맞게 프레임을 활성화시켰는지를 고찰하고자 한다.

〈문제16〉

원문: 그와 같은 생활 형태가 혹시 프랑스의 아리안 무뉘시킨(Arian Mnouchkine)이 주도하는 태양극단에서 힌트를 받지 않았는지를 묻자, 그는 강하게 부정한다. 태양극단은 함께 숙식을 하지 않을뿐더러 재야극단이라기보다는 정부로부터 막대한 지원을 받는 특수 엘리트 집단으로서, 일종의 문화권력이라는 것이다.

역문: 当被问到这种生活方式是否从法国姆努什金导演的阳光剧团获得了灵感时，李润泽坚决否认，指出太阳剧团既不共同起居，也不是在野的民间剧团，而是获得了大量政府资助的特殊精英团体，属于一种文化权力机构。

——<'문화게릴라' 이윤택(李潤澤 Lee Youn-Taek)> (2012 겨울호)

번역문에서 '**在野的民间剧团**'을 '**草根剧团**'으로 수정하는 것이 적절하다고 보는가? (　　)

A. 네.　　B. 아니요.　　C. 잘 모르겠다.

16번 문제는 문화어휘 '재야극단'의 번역문 '在野的民间剧团'

을 '草根剧团'과 비교해서 '在野的民间剧团'에 대한 평가를 알아보기 위해 만든 질문이다. 즉 '在野的民间剧团'과 '草根剧团' 중 어느 번역문이 더 정확하게 '재야극단'의 프레임을 살렸는지를 살펴보고자 한 것이다.

분석에 따르면, 97명(69%)의 참여자는 '草根剧团'이 더 적절하다고 보았고, 11명(8%)의 참여자는 모른다고 했으며, 32명(23%)의 참여자는 '在野的民间剧团'이 더 적절하다고 답하였다. 그러므로 독자들이 '在野的民间剧团'에 비해 '草根剧团'이 살린 프레임을 쉽게 받아들였다는 사실을 알 수 있다.

〈문제17〉

원문: 식사용 국밥에는 국물에 밥을 말아 내수는데 술국을 주문하면 밥 대신에 선지, 내장, 썬 고기 등 국건더기를 넉넉하게 담아 내준다. 이 술국 한 그릇이면 한국의 주당들은 소주 몇 병쯤은 쉽게 해치운다.

역문: 汤泡饭里放的是饭，而下酒汤里放的则是血豆腐、内脏和肉片等。一碗下酒汤足以让酒客饮掉几瓶烧酒。

——<소주 안주>(2013 겨울호)

위에서 언급된 '汤泡饭(국밥)'에 대해 옳다고 생각하는 것은 무엇입니까? (복수 선택 가능) (　　)

A. 한식 요리

B. 비교적 영양이 있다.

C. 밥을 먹는 방식으로, 밥을 국에 말아서 먹는다.

D. 소화에 도움이 되지 않으며, 건강 식단이 아니다.

E. 잘 모른다.

17번 문제는 참여자들이 가지고 있는 '汤泡饭(국밥)'에 대한 인식을 고찰하기 위해 만든 질문이다. 복수 응답을 허용한 14번 문제에서는 대부분의 참여자들이 두 가지 이상의 항목을 선택하였다. 복수 응답을 모두 개별 표준으로 변환하면 총 표본수가 141명이 아닌 225명으로 증가한다. 그 중에 23명(10%)이 E 잘 모르겠다는 답을 골랐고, A. 한국 요리 중의 하나라고 생각하는 참여자는 47명(21%), B. 맛있고 영양이 있는 음식이라고 생각하는 참여자는 16명(7%)으로 나타났으며, C. 밥을 국에 말아서 먹는 방식을 고른 참여자는 43명(19%)으로 확인되었다. 한편 D. 잘 소화되지 않아 건강한 음식이 아니라고 생각하는 참여자가 97명(43%)으로 많이 나왔는데 이를 보면 목표텍스트 '汤泡饭'은 국밥의 프레임을 독자들에게 제대로 전달하지 못했음을 볼 수 있다.

〈문제18〉

원문:소고기나 돼지고기를 삶은 수육은 대표적인 소주용 안주로, 잔칫집이나 상가의 손님 접대 술상에서 빠지지 않는다.

역문: 最具代表性的佐酒蒸菜是熟牛猪肉[37], 这道菜肴是筵席或丧家酒席上必备的佐酒菜。

——<소주 안주>(2013 겨울호)

'**熟牛猪肉**'과 '**熟食**'중 어떤 것이 더 적절하다고 생각합니까? (　　)

A. **熟食**　　B. **熟牛猪肉**　　C. 잘 모른다.

37 '수육' 是指将牛肉、猪肉等煮熟后(放葱、姜、蒜、清酒),包在蒸笼布里用石头等重物碾压,最后切成适合食用的大小。根据肉的种类称为牛头肉、羊头肉、猪头肉等。

18번 문제는 '수육'의 번역문 '熟牛猪肉'를 '熟食'와 비교하여 독자의 번역문에 대한 평가를 알아보기 위해 만든 질문이다. 129명(91%)의 참여자가 '熟食'가 더 적절하다고 하였고 9명(6%)의 참여자가 모른다고 하였으며, 3명(2%)의 참여자가 '熟牛猪肉'가 더 적절하다고 밝혔다.

4.3.4. 음역에 대한 조사 결과 분석

19, 20번 두 문제는 음역 방식을 통해 번역한 것이다. 번역자가 글자의 뜻을 고려하지 않고 번역하기 때문에 도달텍스트의 의미가 독자들에게 밝혀지지 않은 상황에 독자의 번역물 수용 정도를 고찰하기 위해 질문하였다.

〈문제19〉

원문: '판소리는 너무 좋은데 언제까지나 20세기 이전의 음악만을 할 수 없지 않겠냐'고 말하는 이자람은...

역문: 李紫蓝曾经公开表示:'我十分热爱盘瑟俚艺术,但也不能为了保持其纯粹性,就一直只演唱20世纪以前的传统曲目'。

——<세계유산이 된 한국의 인간문화재들>(2012 가을호)

위에서 언급된 '**盘瑟俚**(판소리)'에 대한 묘사로 옳다고 생각하는 것은 무엇입니까? (　　)

A. 판소리는 설창 공연이다.

B. 판소리는 무용 형식이다.

C. 아예 모른다.

19번 문제는 참여자들의 '盘瑟俚(판소리)'에 대한 인식을 고찰하기 위해 만든 질문이다. 결과에 따르면, A. 판소리가 이야기와 노래를 활용한 공연 형식이라고 고른 참여자가 62명(44%), B. 무용의 한 가지 유형이라고 고른 참여자가 6명(4%), C. 잘 모르겠다고 한 참여자가 73명(52%)이다. 의외로 A를 고른 참여자가 많이 나타난 것은 아무래도 문맥 정보를 통해 힌트를 얻었기 때문이라고 여겨진다. 대부분 참여자들이 판소리에 대해 정확하게 알지 못하고 있는 것으로 나타났다. 즉 목표텍스트 '盘瑟俚'는 독자들이 받아들일 수 있는 프레임도 살리지 못하고 원문텍스트의 정보도 전달하지 못했다.

〈문제20〉

원문: 그리고 오늘날 명동은 자라와 H&M과 같은 해외 브랜드와 에잇 세컨즈 같은 국내 브랜드는 물론 제품 제작과 소비자 반응 주기가 훨씬 더 빠른 이름 없는 동대문 시장제품으로 대표되는 패스트 패션의 메카로 자리매김하고 있다.

역문: 今天，明洞不仅有飒拉、H&M等外国品牌和8Seconds等国内品牌，并且这里正在成为以不知名的东大门市场产品为代表的快速时尚圣地，这些快速时尚商品的制作和消费者反应周期更加快捷。

——<명동 중심가의 변모>(2012 겨울호)

번역문에서 '자라(飒拉)'를 통해 'ZARA'라는 브랜드를 연상할 수 있습니까? (　　)

A. 네.　　　B. 아니요.

20번 문제는 번역문 '飒拉(자라)'를 보고 참여자들이 'ZARA' 브랜드를 연상할 수 있는지를 확인하기 위해 만든 질문이다. 즉 '飒拉(자라)'의 번역이 'ZARA' 프레임을 부각시킬 수 있는지를 살펴본 것이다. 결과에 따르면, A. 그렇다는 답을 고른 참여자는 16명(11%), B. 그렇지 않다고 한 참여자는 125명(89%)으로 나타났다. 89%의 참여자들이 '飒拉(자라)'를 'ZARA' 와 연결하지 못하는 것으로 나타났다. '飒拉(자라)'는 'ZARA'의 프레임을 활성화시키지 못했으므로 좋은 번역이라고 할 수 없다.

위에서 살펴본 바와 같이 중국어와 한국어 사이의 번역은 영어 등 표음문자를 사용하는 언어와의 번역과 달리 표의문자인 한자를 공동으로 사용하고 있기 때문에 음역의 방법은 선택적으로 취하여야 된다고 본다.

4.3.5. 일사다역(一詞多譯)에 대한 조사 결과 분석

21~24번 문제는 일사다역(一詞多譯)의 예시이고 다양한 문화어휘의 번역에 대해 독자의 의견을 구하고, 독자가 도달텍스트에 대한 수용 시각을 연구하기 위해서 만들어졌다. 여러 표현들 가운데 어느 번역이 살린 프레임이 원천프레임과 가장 유사한지를 살펴볼 것이다.

〈문제21〉

(1) '잡채(**杂菜、什锦菜**)'를 알고 있습니까? (　　)

A. 알고 있다. ((2)번 문제 가기)

B. 잘 모른다. ((3)번 문제 가기)

(2) 알고 있다면, 다음 몇 가지 번역문에서 적절한 것을 고르시오. (　　)

A. **什锦菜**(2010 겨울호)

B. **杂菜**(2013 여름호)

C. 잘 모른다.

(3) 모른다면, 역문 '**杂菜**'를 보고 '잡채'가 어떤 음식인지 고르시오. (　　)

A. 여러 가지 야채로 만든 요리

B. 표고버섯, 시금치, 당근, 쇠고기, 당면으로 만든 요리

C. 잘 모른다.

21-(1) 한국의 잡채를 아느냐는 문제에 대해 48명(34%)의 참여자가 모른다고 하였으며 이 48명 참여자가 다시 (3)을 답한 결과, 36명이 A. 여러 가지 야채로 만든 요리를 선택하였고 나머지 12명은 모른다고 하였다. 93명의 참여자가 안다고 하였는데, 93명 참여자들 중에 63명이 A. '什锦菜'의 번역이 적절하다고 응답하였고 나머지 30명이 B. '杂菜'의 번역이 옳다고 답하였다. 이를 통해 독자들은 친숙한 표현을 더 선호하는 경향이 있다는 것을 알게 되었다. 친숙한 표현이 독자 의식 속에 숨어있는 프레임을 더 쉽게 부각시킬 수 있다고 판단할 수 있다.

〈문제22〉

(1) '식혜(**米酒、酒酿、甜米水**......)'를 알고 있습니까? (　　)

A. 알고 있다. ((2)번 문제 가기)

B. 모른다. ((3)번 문제 가기)

(2) 알고 있다면, 다음 몇 가지 번역문에서 적절다고 생각되는 것을 고르시오. (　　)

A. **米酒**(2014 여름호)

B. **甜米水**(2013 겨울호)

C. **酒酿**(2010 봄호)

D. **蜜糯汤**(2008 봄호)

E. **甜米露**(Naver **韩中辞典**)

F. 모두 적절하지 않다.

(3) 모른다면 번역문 '**米酒**', '**酒酿**', '**甜米水**'를 보고 '식혜'가 어떤 음식인지 고르시오. (　　)

A. 음료수

B. 술

C. 잘 모른다.

22-(1)의 한국의 식혜를 아느냐는 문제에 대해 141명 중 68명의 참여자가 A. 안다고 답했다. 68명 참여자들 중 19명이 A. '米酒'의 번역이 적절하다고 하였고, 21명이 C. '酒酿'의 번역을 선택하였으며, E. '甜米露'의 번역이 옳다고 한 참여자도 18명인 것으로 나타났다. 절반 정도의 참여자만 식혜를 안다는 것은 식혜가 다른 한국음식에 비해 덜 알려졌다는 사실을 보여주는 것이

다. 그리고 '米酒', '酒酿', '甜米露'를 고른 참여자의 수가 비슷한 걸 보면 식혜에 대한 인식이 아직 분명하지 않다는 것을 알 수 있다. 나머지 모른다는 73명 참여자가 다시 (3)에 응답한 결과를 보면 식혜가 술이라고 생각한 사람이 23명, 음료수로 생각한 사람이 13명이고, 37명이 잘 모른다고 답하였다. 번역문 중에 '米酒', '酒酿' 두 개가 술이라고 해서 술이라고 생각하는 참여자가 음료수라고 생각하는 참여자보다 많이 나온 것이라 여겨진다. 참여자 중 37명이 모른다는 것은 여러 번역이 차이가 많이 나서 독자들을 혼란스럽게 한 결과라고 여겨진다. 즉 '米酒', '酒酿', '甜米水' 등의 목표텍스트들이 '식혜'의 프레임을 목표 독자들에게 정확하게 전달하지 못한 것이다.

〈문제23〉

(1) '육개장(**牛肉汤、辣肉汤、细丝牛肉汤**......)'을 알고 있습니까? ( )

A. 알고 있다. ((2)번 문제 가기)

B. 잘 모른다. ((3)번 문제 가기)

(2) 알고 있다면, 다음 몇 가지 번역문에서 적절다고 생각되는 것을 고르시오. ( )

A. **牛肉汤**(2014 여름호、2010 여름호)

B. **辣肉汤**(2011 겨울호)

C. **细丝牛肉汤**(**金慧林 韩汉翻译词典** 53**页**)

D. 모두 적절하지 않다.

(3) 모른다면 번역문 '**牛肉汤, 辣肉汤, 细丝牛肉汤**'을 보고 '육개장'이 어떤 음식이라고 생각합니까? ( )

A. 쇠고기로 만든 짠 맛의 국

B. 고기로 만든 매운 맛의 국

C. 쇠고기로 만든 매운 맛의 국

D. 잘 모른다.

23-(1)의 한국의 육개장을 아느냐는 문제에 대해 141명 중 25명 참여자가 모른다고 하였다. 그 중에 5명이 육개장이 쇠고기로 만든 짠 맛의 국이라고 하였고, 16명이 쇠고기로 만든 매운 맛의 국이라고 하였으며, 4명이 고기로 만든 매운 맛의 국이라고 하였다. 안다고 응답한 116명 참여자 중 37명이 '牛肉汤'을 31명이 '细丝牛肉汤'을 12명이 '辣肉汤'을 적절한 번역이라고 하였으며, 36명이 모두 적절하지 않다고 답하였다. 따라서 '牛肉汤', '辣肉汤', '细丝牛肉汤' 등의 번역들은 목표 독자들의 입장을 취해 번역하지 못했기 때문에 각각의 번역이 살린 도달프레임도 목적대로 원천텍스트의 정보를 효과적으로 전달하지 못하게 되었음을 알 수 있다.

〈문제24〉

(1) '고무신(**胶鞋、皮鞋、钩头胶鞋**)'을 알고 있습니까? (　　)

A. 네, 알고 있습니다. ((2)번 문제 가기)

B. 아니요, 잘 모릅니다. ((3)번 문제 가기)

(2) 알고 있다면, 다음 몇 가지 번역문에서 적절다고 생각되는 것을 고르시오. (　　)

A. **胶鞋**(2013 여름호, 2009 겨울호, 2006 여름호)

B. **皮鞋**(2012 겨울호)

C. 钩头胶鞋(金慧林 韩汉翻译词典 51页)

D. 모두 적절하지 않다.

(3) 모른다면 역문 '胶鞋'을 보고 '고무신'이 어떤 상황에서 신는 신인지 고르시오. (　　)(복수 선택 가능)

A. 운동할 때

B. 비가 올 때

C. 한복을 입을 때

D. 편하게 신는 신발

E. 잘 모른다.

24-(1)의 한국의 고무신을 아느냐는 문제에 대해 141명 중 46명의 참여자가 A. 안다고 답했다. 46명 참여자들 중 39명이 A. '胶鞋'의 번역이 적절하다고 하였고, 5명이 C. '钩头胶鞋'의 번역을 선택하였으며, D. 모두 적당하지 않다는 답을 선택한 참여자도 2명 있었다. 삼분의 일 정도의 참여자만 고무신을 알고 있다는 것에서 한국의 전통 문화가 그만큼 독자들의 관심과 눈길을 끌지 못했다는 점을 확인할 수 있다. 그리고 참여자들이 집중적으로 '胶鞋'를 선택한 이유는 '胶鞋'라는 번역이 더 널리 알려져 있기 때문인 것으로 볼 수 있다. 모른다고 한 95명의 참여자 중 33명이 비 올 때, 29명이 운동할 때, 19명이 편하게 신을 때라고 응답하였고, 14명이 잘 모른다고 답하였다. 그러므로 '胶鞋', '皮鞋', '钩头胶鞋'가 부각시킨 도달프레임은 원천프레임인 고무신 프레임과 차이가 많다고 볼 수 있다.

4.4. 조사 결과의 시사점

위의 독자 설문조사를 통하여 실제텍스트에서 나타난 번역이 도착 문화권의 독자인 설문조사 참여자들의 기대와 차이가 크다는 결론을 내릴 수 있다.

과다하고 과도한 직역은 오히려 독자들에게 번역문에 대한 배척, 문화 정보의 결핍을 불러일으켜서, 독자들이 어의에 대해 정확하고 완벽하게 파악하기 어렵게 한다. 필자는 이러한 적절하지 않은 번역문에 대한 판단을 다시 검증하여 독자들의 번역문 품질 평가에 대한 표준을 정할 수 있다고 생각한다. 어떤 종류의 번역 방법을 채택하든지 번역문에서 중요한 것은 독자가 어의를 이해하기 위한 효과적인 정보를 제공할 수 있는지의 여부이다. 번역문의 이해 과정을 어의 인지 과정으로 간주할 수 있는데, 이러한 과정은 식별과 분류, 구체화의 인지 과정이며, 언어와 독립되어 있지만 언어와의 연계를 통해 확산되고 세분화되는 것이라 할 수 있다(束定芳, 2008:78). 독자는 결국 자신의 어떤 경험 시스템을 근거로 기존 지식 체계를 참조한다. 독자가 번역문을 분류하고 정확하게 객관적으로 평가하는 것은 번역문이 독자의 머릿속에 존재하는 정보를 얼마만큼 활성화시키느냐에 달려 있다. 번역문을 통해 활성화되는 정보가 많아질수록 그 번역문의 질이 높다고 할 수 있으며 이를 통해 독자의 객관적인 평가도 더욱 정확해질 수 있다.

설문조사의 결과를 근거로 다음 장에서는 프레임이론 각도를 활용하여 설문조사 자료를 통해 나타난 문제점을 분류하고 분석하며, 문제 해결 방법을 탐색해 볼 것이다.

5. 프레임이론에 기반을 둔 문화어휘 번역 방안

5.1. 번역상 문제점 분석

이 장에서는 프레임이론에 근거하여 4장과 5장에서 나타난 해외 홍보 자료의 문화어휘 번역에 나타난 문제점을 분석하고 해결법을 검토하고자 한다.

설문조사의 결과에 따라 나타난 문제점들을 다음과 같이 몇 가지 유형으로 구분하여 살펴보겠다.

5.1.1. 목표프레임 활성화 실패

3장에서 언급한 바와 같이 어떠한 문화 현상은 어느 민족에게만 존재할 수 있기 때문에 문화어휘는 민족적인 특색을 띠고 다른 민족의 인지에 비어 있을 수 있다. 그러므로 출발 언어에서 부각될 수 있는 프레임은 목표 언어에서 해당 프레임을 못 찾거나 찾기 어려운 경우가 종종 있다. 번역자들은 이러한 부분의 문화어휘 번역을 가장 어려워한다. 설문지의 6번 사곡면(寺谷面), 운암리(云岩里), 13번 설렁탕(先农汤), 17번 판소리(盘瑟俚), 18번 자라(飒拉), 21번 잡채(杂菜) 등과 같은 번역문들이 이에 해당된다. 번역자가 목표 언어에서 원천텍스트가 살린 프레임을 활성화하지 못하거나 원천프레임과 많이 다른 프레임을 부각시킨 것이다.

(1) 면, 리

'寺谷面', '云岩里'는 '사곡면', '운암리'에 대한 직역이다. 설문조사의 결과를 보면 75%의 독자들이 '寺谷面', '云岩里'를 마곡사와 같은 어떤 관광지의 이름으로 착각하고 있었다. 즉 '寺谷面', '云岩里'가 활성화시킨 프레임은 한국 행정 지역의 프레임이 아니라 관광지의 프레임이다. 그 외에도 12%의 독자가 모른다고 응답한 걸 보면 아무 프레임도 떠올리지 못하거나 혼란스러워서 판단하지 못하는 독자도 적지 않다는 것을 알 수 있다. 독자들이 '面'과 '里'가 행정 지역을 구분하는 단위임을 의식하지 못하고 있다.

(2) 설렁탕

'先农汤'은 '설렁탕'에 대한 직역이다. 설문조사의 결과에서 잘 모르겠다는 참여자가 62%가 되고, '설렁탕'을 고른 참여자가 단 한 명도 없다는 것은 번역문 '先农汤'이 독자의 머릿속에 있는 프레임을 잘 활성화시키지 못한다는 것을 보여준다. 38%의 참여자가 '야채국'을 고른 이유는 '汤'을 보고 국물류의 음식 프레임을 떠올리고, '农'을 통해 [농업], [야채] 등의 프레임 요소가 들어가 있다고 착각했기 때문이라고 여겨진다. 그러니까 번역문 '先农汤'은 독자들에게 '설렁탕' 프레임이 아닌 모호한 '국물'의 프레임만을 활성화시켰고 구체적으로 무슨 맛의 음식인지 어떤 재료로 만든 음식인지, 즉 프레임의 구체적인 프레임 요소들에 대한 판단을 내리기 어렵게 만들었다.

(3) 판소리

'盘瑟俚'는 '판소리'에 대한 음역이다. 설문 조사의 결과에 따르면 52%의 참여자가 '盘瑟俚'가 무엇인지 알 수가 없다고 하였다. 번역문 '盘瑟俚'를 통해 독자들이 아무 프레임도 떠올리지 못하게 된 것이다. 44%의 참여자가 문맥[38] 정보인 '艺术(예술), 演唱(노래 공연)'을 통해 판소리가 이야기와 노래를 활용한 공연 형식이라고 판단하였다. 음역한 '盘瑟俚'는 글자의 뜻을 완전히 무시하고 음만 모방해서 한 번역이기 때문에 '盘瑟俚'는 독자들이 '판소리 프레임'뿐만 아니라 어떠한 프레임도 떠올리지 못하게 만들었다.

(4) 자라

'飒拉(자라)'는 의류 브랜드 'ZARA'의 음역이다. 설문 결과를 보면 '飒拉(자라)'를 보고 141명 참여자 중의 16명(11%)만이 'ZARA'를 생각했고 89%의 참여자들이 '飒拉(자라)'를 'ZARA'와 연결시키지 못한 것을 확인할 수 있다. 프레임이 활성화되지 못한 것이다.

38 번역문: 李紫蓝曾经公开表示: "我十分热爱盘瑟俚艺术，但也不能为了保持其纯粹性，就一直只演唱20世纪以前的传统曲目。"

——<세계유산이 된 한국의 인간문화재들>(2012 가을호)

(5) 잡채

잡채는 된장찌개, 비빔밥과 같은 아주 일상적인 한국요리이다. 그럼에도 불구하고 '杂菜'를 모르는 독자가 48명으로 34% 정도나 되었다. 모른다는 참여자에게 번역문 '杂菜'에 대한 이해대로 이것이 어떤 음식인지 선택하라고 했을 때 36명이 A. 여러 가지 야채로 만든 요리를 선택하였고, 나머지 12명은 모른다고 하였다. 안다고 한 93명의 참여자들 중에서도 63명(68%)이 번역문 '什锦菜'가 '杂菜'보다 더 적절하다고 판단했다. 즉 111명의 참여자가 번역문 '杂菜'가 '잡채'의 프레임을 활성화시키지 못하는 것으로 판단한 것이다. '什锦菜'가 활성화시킨 프레임에는 더 상세한 요소들이 들어가 있어서 독자들이 더욱 많은 정보를 얻을 수 있었다.

상술한 바를 종합하면 도착 언어가 번역문 독자의 인지 프레임을 활성화시키지 못하는 원인은 아래와 같이 정리할 수 있다. 첫째, 번역자의 목표텍스트의 표현 선정이 제멋대로여서 허점이 있기 때문이다. 예를 들어 '飒拉(자라)', '寺谷面', '云岩里'을 번역할 때 번역자는 독자들에게 익숙한 표현 대신 난해한 표현으로 번역하였다. 독자에 대한 배려가 부족하다는 것이다. 둘째, 목표문화권에 없는 문화현상들을 기술한 문화어휘 번역에 대해 속수무책이라는 것이다. 번역자들은 '판소리', '설렁탕', '잡채' 등과 같은 문화어휘를 간단하게 음역을 하거나 한자로 직역하는 정도 밖에 보여주지 못하였다.

5.1.2. 언어표현의 적절성 부족

부분의 번역으로 정보의 전달 즉 프레임의 활성화가 완성되었지만 목표텍스트 표현의 선정에서 독자들에게 친숙함을 얻지 못해 독자들의 의문이나 심지어 오해를 초래하는 경우가 있다. '국회의사당(国会议事堂)', '석가산(石假山)', '재야극단(在野剧团)', '닥터 마틴 부츠(马丁大夫靴子)', '수육(熟牛猪肉)', '소녀갑부(少女富翁)'등의 번역이 이에 속한다.

'국회의사당(国会议事堂)', '석가산(石假山)', '재야극단(在野剧团)', '닥터 마틴 부츠(马丁大夫靴子)', '수육(熟牛猪肉)', '소녀갑부(少女富翁)' 등의 번역이 살린 프레임은 원천프레임과 똑같지 않아서 독자들이 혼란스러워하거나 의심을 갖게 된다. 그렇기 때문에 독자에게 '国会议事堂'과 '国会大楼' 사이에서 선택하도록 했을 때 17명(12%)의 참여자가 모른다는 응답을 한 것이다. 또 '石假山'과 '假山' 사이에서는 10명(7%)의 참여자가, '在野的民间剧团'과 '草根剧团'을 비교하여 선택하도록 했을 때 11명(8%)의 참여자가, '马丁大夫靴子'와 '马丁靴' 사이에서는 11명(8%)의 참여자가, '熟牛猪肉'와 '熟食' 사이에서는 9명(6%)의 참여자, '少女富翁'과 '少女富婆' 사이에서는 16명(11%)의 참여자가 모른다는 응답을 하였다.

한편으로 독자들은 번역문이 분명하게 살려 내지 못하고 부분적으로만 제시한 프레임을 통해 머릿속에 있던 기존의 프레임을 찾아내어 정확한 프레임을 찾을 수 있는 것으로 나타났다. '国会议事堂'과 '国会大楼' 사이에서 선택하도록 했을 때 123명(87%)의 참여자는 '国会大楼'가 더 적절하다고 응답하였으며, '石假山'과 '假山'사이에서 128명(91%)의 참여자가 '假山'이 더 적절하다고 하였고, '在野的民间剧团'을 '草根剧团'과 비교한 것에서는 97명(69%)의 참여자가 '草根剧团'이 더 적절하다고 하였다. 또 '马丁大夫靴子'와 '马丁靴' 사이에서는 76명(54%)의 참여자가 '马丁靴'가 더 적절하다고 하였고, '熟牛猪肉'와 '熟食' 사이에서는 129명(91%)의 참여자가 '熟食'을, '少女富翁'과 '少女富婆'사이에서는 91명(65%)의 참여자가 '少女富婆'가 더 적절하다고 답하였다.

한편 적절한 표현을 선정하지 못해서 독자들의 오해를 초래한 예도 있다. 14번 질문의 국밥을 '汤泡饭'로 번역한 것을 보고 141명 참여자 중 43명이 국밥이 음식이 아니라 밥을 국에 말아서 먹는 방식이라고 생각한 것이다. 또 97명의 참여자는 국밥이 소화에 도움이 안 되는 건강하지 못한 음식이라고 오해했다.

따라서 번역자는 번역을 하기에 앞서 치밀하게 언어표현을 선정해야 하고 고른 표현을 기존의 관용적인 표현과 비교하여 다듬어야 한다.

5.1.3. 목표프레임의 이탈

어떤 번역이 직역으로 활성화시킨 도달프레임이 원문이 살린 원천프레임과 완전히 다른 경우가 있다. '만둣국(饺子汤)', '고무신(胶鞋)'의 번역이 이것을 잘 나타내고 있다.

설문조사 결과에 따르면 141명의 참여자 중 고무신을 안다는 참여자는 46명에 불과했고 '胶鞋' 번역이 적당하다고 본 참여자는 39명밖에 없었다. 모른다고 한 참여자 95명 중 33명이 비 올 때, 29명이 운동할 때, 19명이 편하게 신을 때 신는 신발이라고 응답하였으며, 14명이 잘 모른다고 답하였다. 그러므로 흔히 나타나는 '胶鞋'이라는 번역이 활성화시킨 프레임은 '장화 프레임', '운동화 프레임', '편하게 신는 신발의 프레임'인 것이다. '고무신 프레임'과 완전히 다르다고 할 수 있다.

만둣국의 번역 '饺子汤'도 마찬가지이다. 설문조사 결과에 의

하면 92명(65%)의 참여자가 만둣국이 만두를 끓인 다음에 남은 국물이라고 생각했다. 만둣국과 비슷한 '馄饨'이라고 생각한 참여자는 17명(12%)밖에 안 되었다. 그러므로 '饺子汤'이 활성화시킨 프레임은 '만둣국프레임'과 차이가 많이 난다.

5.1.4. 핵심적 요소의 차이 및 결여

번역문이 부각시킨 도달프레임이 원천프레임과 비슷해 보이지만, 핵심적 요소에 차이가 많거나 결여된 것이 있기 때문에 적당한 번역 표현이 되지 못하는 경우가 있다.

번역문 '米酒(식혜)', '牛肉汤(육개장)' 등이 활성화시킨 프레임을 원문이 살린 프레임과 비교해 보면 핵심석 개념 요소가 다르기나 빠져 있다.

조사 결과를 보면 식혜를 모른다고 답한 73명 중 번역문을 보고 '식혜'가 음료수라고 의식한 참여자는 13명, 술이라고 답한 참여자는 23명이었다. 번역문 '米酒', '酒酿'이 독자들의 머릿속에 술 프레임을 떠올리게 하였다는 것으로 나타난다. '甜米水', '蜜糯汤', '甜米露' 등의 번역문은 독자들에게 음료수 프레임을 떠올리게 했다. 여러 번역문이 독자들을 혼란스럽게 한 결과, 37명의 참여자는 이에 대해 모른다고 응답을 하였다.

23번 문제(1)의 한국의 육개장을 아느냐는 질문에 대해 141명 중 25명 참여자가 모른다고 하였다. 그중에서 5명이 육개장에 대해 '쇠고기로 만든 짠 맛의 국'이라고 하였고, 16명이 '쇠고기로 만든 매운 맛의 국'이라고 하였으며, 4명이 '고기로 만든 매운 맛의 국'이라고 하였다. '牛肉汤', '辣肉汤', '细丝牛肉汤' 등 여러 번역문의 영향으로 16명의 참여자는 '육개장 프레임'의 핵심적 요소인 [국], [쇠고기], [매운 맛]을 찾을 수 있었다. 하지만 '牛肉汤', '辣肉汤', '细丝牛肉汤' 등 여러 번역문은 '육개장 프레임'의 핵심적 요소 [국], [쇠고기], [매운 맛]을 완전무결하게 활성화시키지 못했고 각자 한 가지씩 결여된 부분을 가지고 있다.

'韩定食(한정식)', '岛山公园(도산공원)', '弘大(홍대)' 등의 번역문이 활성화시킨 프레임은 원문이 살린 프레임에 비해 이미지 요소가 빠져 있다는 문제점이 있다.

'韩定食'은 한정식에 대한 직역이다. 설문조사의 결과를 보면 한정식이 한국 음식 중의 한 종류라고 생각하는 참여자가 110명(78%)이나 되었는데, 이는 번역문 '韩定食'에 의해 '한국요리 프레임'은 활성화되었지만, 이미지 요소가 반영되지 못해 참여자들이 이를 비빔밥과 된장찌개 등 일상 음식과 같은 '한국요리프레임'이라 의식했기 때문이다. 6명(4%)만이 한정식의 이미지 요소, 즉 손님 대접용 음식이라는 생각을 하였다.

'岛山公园'은 도산공원에 대한 직역이다. 조사 결과에 따라 141명 중 128명(91%)의 참여자가 도산공원이 패션거리가 아니라는 판단을 내렸다. 즉 번역문 '岛山公园'이 활성화시킨 프레임은 하이엔드 패션거리의 프레임이 아니라 도산이라는 공원의 프레임이다.

'弘大'는 원문의 홍익대학교의 약칭인 '홍대'를 직역한 것인데, 중국인 독자들에게 '弘大的音乐'이라는 표현은 '홍익대학교 근처 거리의 음악'보다는 우선적으로 '웅대한 음악'이라는 뜻으로 이해된다. 그 원인은 홍익대학교가 중국인 독자들에게는 대학교의 프레임만을 제시할 뿐 이곳이 서울대학교와 더불어 건축과 미술 등의 분야에서 수많은 인재를 배출한 학교로 명성이 높다는 이미지 요소를 주지 못했기 때문이다. 그래서 반 이상의 독자가 '弘大的音乐'을 '기세가 웅대한 음악'으로 이해하였다.

이상에서 제시한 오류 발생의 근본적인 원인은 번역자가 독자들의 부족한 이해를 헤아리지 못하고 원문을 그대로 직역했기 때문인 것으로 나타난다. 번역자가 직역하여 선정한 표현이 살린 프레임은 원천 프레임과 차이가 있기 때문에 독자들은 정확한 정보를 얻지 못하고 번역문을 제대로 이해하지 못하거나 오해하게 된다.

5.2. 번역 방안 제시

이 장에서는 앞에서 서술한 문제점을 해결하기 위해 목표 독자들에게 원문 독자가 이해하는 것과 최대한 비슷하게 프레임을 살리는 것을 목표로 몇 가지 번역 전략을 제시하고 검토할 것이다.

5.2.1. 친숙한 표현을 통한 문화 간 거리감 감소

홍보물의 번역은 문화 홍보를 최우선적 목표로 하여야 한다. 그러므로 번역자는 출발 언어와 목표 언어의 문화에 대한 이해를 통해 목표 독자들에게 원천텍스트가 살린 프레임을 반영하면서 언어 표현에 있어서는 목표 독자들이 쉽게 받아들일 수 있도록 가장 친숙한 표현을 찾아내는 것을 목표로 하여야 한다. 그래야 문화 간의 생소함을 없애고 민족과 국가 간의 교류를 촉진시킬 수 있다. 아래와 같은 예시를 통해 위에서 언급한 번역 방법의 적용 가능성과 구체적 내용을 살펴보겠다.

(1) 사곡면 운암리

사곡면과 같은 경우는 '寺谷乡', 운암리는 '云岩村'이라고 번역해야 한다. 『두산세계백과사전』에 의하면 한국의 행정구역은 현재 특별시, 광역시, 도, 시, 군, 구, 읍, 면, 동, 리로 정해져 있다(『두산세계백과사전』,1997, 28권: 48). 중화인민공화국 중앙인민정부 홈페이지[39] 를 보면 중국의 행정구역 단위는 省(성)(自治区자치구), 直

39 http://www.gov.cn/guoqing/2005-06/15/content_2615217.htm (2014년 12월3일)

辖市(직할시), 市(시)(自治州(자치주), 自治县(자치현), 县(현), 镇(진)과 乡(향)의 3단계로 기획되어 있다. 시(市) 아래에는 区(구), 街道(가도)가 있고, 县(현) 아래는 镇(진), 乡(향), 村(촌)으로 구성되어 있다. 『표준국어대사전』을 보면 '도'는 한국 지방 행정구역의 하나이고 시(市)와 군(郡) 따위를 관할한다. '구'는 특별시, 광역시 및 인구 50만 이상의 대도시에 두는 동(洞) 위의 행정 구역 단위이다. 읍은 시(市)나 군(郡)에 속한 지방 행정 구역 단위의 하나이다. 인구가 2만 명 이상이 되어야 하나, 2만 명 미만인 경우도 있다. 면은 시(市)나 군(郡)에 속한 지방 행정 구역 단위의 하나이다. 몇 개의 리(里)로 구성된다. '동'은 시, 구의 아래에 두는 지방 행정 구역이다. 리는 지방 행정의 말단 구역이다. 몇 개의 촌락이 모여 이루어지며, 읍과 면의 아래에 둔다. 중국과 한국의 '행정구역 프레임'을 비교하여 간단하게 정리해 보면 아래 [표 15]와 같다.

[표 15] 한국과 중국 '행정구역프레임' 비교

중국			한국	
省(성)	自治区(자치구)		도	
市(시)	自治州(자치주) 自治县(자치현)	县(현)	시	군
区(구)		镇(진) 乡(향)	구	읍, 면
街道(가도)		村(촌)	동	이

따라서 '한국의 행정구역 프레임'에는 [도], [시, 군], [구], [읍, 면], [동], [리] 등이 개념 요소로 있으며, '중국의 행정구역 프레임'에는 [省(성), 自治区(자치구)], [市(시), 自治州(자치주), 自治县(자치현)], [区(구)], [街道(가도)] 등이 들어가 있다. 한국의 [도]는 중국

의 [省(성)]이나 [自治区(자치구)]에 해당되고 한국의 [시]는 중국의 [시], 한국의 [군]은 중국의 [县(현)]에 해당된다. 면은 군에 딸린 지방 행정 구역 단위이며 몇 개의 리로 이루어져 있다(『두산세계백과사전』,1997, 10권: 218). 따라서 한국의 '면 프레임'은 중국의 '乡(향) 프레임'에 한국의 '리 프레임'은 중국의 '村(촌) 프레임'에 대응된다. 그러므로 사곡면은 '寺谷乡'으로 운암리는 '云岩村'으로 번역하는 것이 더 적당하다고 여겨진다.

(2) 자라

'자라'의 번역도 마찬가지다. 국제적으로 유명한 의류 브랜드 자라는 중국 각 도시의 쇼핑몰에도 이미 들어와 있다. '飒拉'보다는 'ZARA'를 쇼핑백이나 브랜드 표지로 쓰고 있다. 표지 'ZARA'가 이미 브랜드 이미지를 심어주었기 때문이다. 따라서 중국인 독자들은 'ZARA'를 보고 한국인 독자와 같은 프레임을 떠올릴 수 있다. 하지만 '飒拉'은 원래 중국어에 없는 표현이고 글자씩으로 나누어보면 『漢典』에는 '飒'는 (1) 시원한 모양(清凉的样子) (2) 바람의 소리를 형용할 때 쓰이는 표현(形容风声) '拉'는 '당기다, 운송하다, 연장시키다' 등 해석으로 나타난다. 그런데 『세계 브랜드 백과』에서 '자라'에 대한 해석은 아만시오 오르테가가 1975년에 설립한 스페인의 패스트 패션 브랜드로 여성복, 남성복, 아동복 등을 제조·판매하는 브랜드라고 되어 있다. '자라 프레임'에는 [스페인 브랜드], [패스트 패션], [글로벌 직영], [남, 여, 아동복] 등의 개념 요소와 [저렴함], [최신 트렌드르 반영함], [다양한 연령층을 만족] 등의 이미지 요소들이 들어가 있다. '자라'와 'ZARA'는 사실 동일한 브랜드이기 때문에 양국 소비자들이 의식하는 프레임이 비슷한데 수입 수준, 복식 문화 등

차이로 인해 중국 소비자들이 의식하는 'ZARA프레임'의 이미지 요소는 한국인 소비자들과 차이가 난다. [중간가격], [한국 의류 스타일] 등의 이미지 요소가 중국인 소비자들에게 의식되는 요소이다. '飒拉', '자라', 'ZARA'가 각자 그려낸 프레임은 [표 16]과 같다.

[표 16] '**飒拉**', '자라', 'ZARA' 프레임 비교

자라프레임	개념 요소	[스페인 브랜드] [패스트 패션] [글로벌 직영] [남, 여, 아동복]
	이미지 요소	[저렴함] [최신 트렌드 반영함] [다양한 연령층 만족]
飒拉프레임	개념 요소	[시원한 모양] [바람의 소리]
	이미지 요소	
ZARA프레임	개념 요소	[스페인 브랜드] [패스트 패션] [글로벌 직영] [남, 여, 아동복]
	이미지 요소	[중간가격] [한국 의류 스타일]

'飒拉'가 그려낸 프레임은 '자라프레임'을 반영하지 못하는 반면에 'ZARA'는 비슷하고도 효과적으로 '자라 프레임'을 그려내어 적절한 표현으로 볼 수 있다.

(3) 석가산

『표준국어대사전』(중권 1996:3382)을 보면 석가산은 정원 따위에 돌을 모아 쌓아서 조그마하게 만든 산이라고 정의되어 있다. 『漢典』에서 '假山'[40]은 사람이 감상할 수 있도록 정원에 돌을 모

40 假山: 园林中用石头堆砌而成以供欣赏的小山。 ——『漢典』

아 쌓아서 만든 조그마한 산이라고 정의되어 있다. 그러므로 '석가산프레임'과 '假山프레임'은 비슷한 [돌], [모아 쌓기], [조그마한 산] 등의 개념 요소와 [공원], [쉼터], [정원] 등의 이미지 요소들을 포함한다는 것을 알 수 있다. 오히려 '石假山'이라는 표현이 화사 첨족의 느낌이다.

[표 17] '석가산'과 '假山' 프레임 비교

석가산프레임 假山프레임	개념 요소	[돌] [모아 쌓기] [조그마한 산]
	이미지 요소	[공원] [쉼터] [정원]

위에서 알 수 있듯이 두 프레임의 구성요소가 많이 유사하기 때문에 '假山'이 충분히 '석가산프레임'에 관한 정보를 반영할 수 있고 자주 쓰이는 표현이라 석가산은 '假山'으로 번역하는 것이 적당하다.

(4) 수육

『두산세계대백과사전』(1997, 16권:125)을 보면 수육은 쇠고기나 돼지고기를 푹 삶아 익힌 고기라고 쓰여 있다. 본래 숙육(熟肉)이라고 하였으며, 쇠고기나 돼지고기 등을 푹 삶아 베 보자기에 싸서 돌로 누른 고기도 수육이라고 한다. 수육은 고기의 종류에 따라 쇠머리 수육, 양지머리 수육, 돼지머리 수육 등으로 불린다. 『漢典』에 의하면 '熟食'[41] 는 판매를 목적으로 삶아 익힌 고기이다. 대표적인 음식으로는 쇠고기, 족발, 돼지머리 수육,

[41] 熟食: 多指已烹调的供出售的熟肉食。 ——『漢典』

[표 18] '수육'과 '熟食' 프레임 비교

<table>
<tr><td rowspan="5">수육
프레임</td><td rowspan="4">개념 요소</td><td>재료 요소</td><td>[쇠고기] [돼지고기]</td></tr>
<tr><td>요리법 요소</td><td>[육수에 삶아 익힘]
(마늘, 생강, 양파, 대파, 후추, 된장, 청주, 감초, 정향)</td></tr>
<tr><td>양념 요소</td><td>[초고추장] [풋고추] [마늘]</td></tr>
<tr><td>종류 요소</td><td>[쇠머리수육]
[양지머리수육] [돼지머리 수육]</td></tr>
<tr><td>이미지 요소</td><td colspan="2">[소주] [잔치]</td></tr>
<tr><td rowspan="4">熟食
프레임</td><td rowspan="3">개념 요소</td><td>재료 요소</td><td>[쇠고기] [돼지고기] [닭고기] [소시지]</td></tr>
<tr><td>요리법 요소</td><td>[물에 삶아 익힘]
(소금, 간장, 계피, 팔각, 후추, 감초)</td></tr>
<tr><td>종류요소</td><td>[쇠고기수육] [족발]
[돼지머리수육] [갈비찜]</td></tr>
<tr><td>이미지 요소</td><td colspan="2">[인스턴트 음식] [술] [잔치]</td></tr>
</table>

갈비찜 등이다.

수육은 고기를 육수에다 삶아 익혀 만든다. 육수에는 마늘, 생강, 양파, 대파, 후추, 된장, 청주, 감초, 정향 등이 들어간다. 된장을 푼 물에 고기 덩어리와 대파, 마늘, 생강, 청주를 넣고 삶은 다음 익은 고기를 베보자기로 싸서 무거운 것으로 눌러 먹기 좋은 크기로 썰어 초고추장, 풋고추, 마늘 등을 곁들여 먹는 것이다.[42] '熟食'의 요리법은 수육과 비슷한 점이 많으나 넣는 양념에서 차이를 보인다. '熟食'은 물에 소금, 간장, 계피, 팔각, 후추, 감초 등을 넣고 고기를 삶아 익힌다. 개인의 입맛에 따라

42 [네이버 지식백과] 돼지고기 수육 (전통향토음식 용어사전, 2010.7.5, 농촌진흥청)

육수에다 고추나 설탕을 넣는 경우도 있다. '수육'과 '熟食'각자 그려낸 프레임은 [표 18]과 같다.

[표 18]을 보면 '수육프레임'의 [양념요소]가 중국 '熟食프레임'에 결여된 것을 확인할 수 있다. 이 외에 나머지 [재료 요소], [요리법 요소], [종류 요소]의 구성은 많이 비슷하다는 점도 알 수 있다. 이미지 요소에는 공통적으로 [술], [잔치] 등의 요소가 들어가 있다. 그러므로 '熟食'은 '수육프레임'을 목표 독자들에게 잘 전달할 수 있으리라 여겨진다.

(5) 닥터 마틴 부츠

한국어의 닥터 마틴 부츠와 중국어의 '马丁靴'는 모두 영어 'Dr. Martens boots'를 번역한 것이다. 『위키백과사전』을 보면 '닥터 마틴 부츠'의 유래가 나온다. 독일의 군의관으로서 제2차 세계 대전에 참전하였던 클라우스 메르텐스(독일어: Klaus Märtens)는 1945년 알프스 산맥에서 스키를 타던 중 발목 부상을 당했고, 그 때 신고 있던 군화 때문에 불편을 겪으면서 편하고 발목을 보호할 수 있는 신발의 필요성을 느끼게 되었다고 한다. 그는 기존 군화에 발포 합성 고무를 재료로 한 에어쿠션 밑창을 적용한 신발을 고안하였다. 1947년 메르텐스는 독일 뮌헨에서 자신의 친구인 헤르베르트 풍크(독일어: Herbert Funk)와 함께 에어쿠션 워커를 제조하는 사업을 시작하였고 1952년에는 뮌헨에 공장을 설립하여 본격적으로 신발을 생산하였다. 메르텐스가 고안한 에어쿠션이 적용된 워커는 편안하면서도 내구성이 좋아 노동자들에게 많은 인기를 얻었고, 1959년 영국의 신발 제조업체 그리그스(R. Griggs Group Ltd.)가 메르텐스로부터 에어쿠션 워커의 특허권 및 상표권을 인수하면서 1960년부터는 영국에서 메르텐스의 이름을 영어식으로 읽은 '닥터 마틴'이라는 브랜드로 신발이 생산되기 시작하였다. 중국의 『백도백과사전(百度百科)』[43]에서도 비슷하게 '马丁靴'를 해석하고 있다. '닥터 마틴 부츠'와 '马丁靴'는 [표 19]과 같이 'Dr. Martens boots의 프레임'을 그려내고 있다.

[표 19] '닥터 마틴 부츠'와 '**马丁靴**' 프레임 비교

닥터 마틴 부츠 프레임 马丁靴 프레임	개념 요소	[부츠] [군화] [에어쿠션 밑창] [발목 보호]
	이미지 요소	[편안함] [유행문화]

따라서 한국어의 '닥터 마틴 부츠'와 중국어의 '马丁靴'는 소속 문화권에 따라 다른 표현일 뿐 동일한 개념을 가리키고 있으며 같은 프레임을 지향하고 있다. '马丁大夫靴'의 번역은 번역자가 ' 닥터 마틴 부츠 프레임'이 아닌 다른 개념을 새로 만들어내어 문화어휘의 지식배경, 즉 문화어휘가 살린 프레임에 대한 점검을 소홀히 한 것이라 볼 수 있다. 관습적인 표현 '马丁靴'가 원천 프레임을 반영하면서도 목표 문화권의 표현 형식에 잘 맞는다.

43 1945年的德国 ,一位叫克劳斯·马丁(Klaus Martens)的医生在阿尔卑斯山滑雪的时候不慎摔伤了脚。在康复过程中,为了走路的时候腿更轻松一些,克劳斯·马丁和他的一个朋友在轮胎的橡胶材质里灌入了空气,开发出了"空气气垫鞋底"。之后,他们将这种设计进行了注册,专为那些有腿疾或腰痛的德国妇女产保健鞋。1959年,这种鞋在欧洲开始畅销。于是马丁和他的朋友决定把这种设计卖给英国的R.Griggs集团 ,这个集团在生产工作鞋和军用鞋方面历史悠久 ,技术精湛。

(6) 소녀갑부

소녀갑부는 특별한 이유를 통해 그 나이에 어울리지 않게 부자가 된 젊은 여성에 대한 호칭이다. 원문에서 소녀갑부를 '少女富翁'으로 번역하였는데 살린 프레임에는 [젊은 여성], [나이든 남성부자]가 포함돼 있어 성별에서 앞뒤가 맞지 않는다. 그에 비해 '少女富婆'의 번역문은 [젊은 여성], [나이든 여성부자] 등 요소를 포함한 프레임을 살릴 수 있어 더 적당한 표현이라고 할 수 있다.

[표 20] '소녀갑부', '少女富翁', '少女富婆' 프레임 비교

<table>
<tr><td rowspan="2">소녀갑부프레임</td><td>개념요소</td><td>[젊은 여성] [부자] [나이에 어울리지 않음]</td></tr>
<tr><td>이미지요소</td><td>[운이 좋음] [부지런함] [특별함]</td></tr>
<tr><td rowspan="2">少女富翁프레임</td><td>개념요소</td><td>[젊은 여성] [나이든 남성부자]</td></tr>
<tr><td>이미지요소</td><td></td></tr>
<tr><td rowspan="2">少女富婆프레임</td><td>개념요소</td><td>[젊은 여성] [나이든 여성부자]
[나이에 어울리지 않음]</td></tr>
<tr><td>이미지요소</td><td>[집안 좋음] [특별함]</td></tr>
</table>

(7) 국회의사당

『한국민족문화대백과사전』을 보면 국회의사당[44]은 국회의원들이 국정을 논의하는 장소로 해석된다. '国会议事堂'으로 번역해도 글자의 뜻을 통해 대략적인 의미를 이해할 수 있지만 관습적인 표현이 아니라서 독자들이 의문을 가질 수 있다. 보통 국회의원들이 국정을 논의하는 장소는 중국어로 '国会大楼'나 '议会大楼'라고 하며 상당한 규모가 있는 고층 빌딩이면 '国会大厦'라고 한다. 따라서 국회의사당을 '国会大楼'나 '议会大楼', '国会大厦'로 번역하면 독자들 머릿속에 더욱 정확한 프레임을 떠올리게 할 수 있다. '国会大楼', '국회의사당', '国会议事堂' 각자의 프레임을 비교해보면 아래 [표 21]과 같다.

[표 21] '国会大楼', '국회의사당', '国会议事堂' 프레임 비교

国会大楼프레임	개념요소	[국정을 논의하는 장소] [건축]
	이미지요소	[정치] [엄숙함] [자본주의사회제도]
국회의사당프레임	개념요소	[국정을 논의하는 장소] [건축]
	이미지요소	[정치] [엄숙함]
国会议事堂프레임	개념요소	[국정을 논의하는 장소]
	이미지요소	

위와 같이 보듯이 '国会议事堂'은 자연스러운 중국어 표현이 아니기 때문에 중국이 독자들이 '国会议事堂'을 '国会', '议事'로

44 두산동아 백과사전연구소, 『두산세계백과사전』, 두산동아출판사, 1997 3권, pp.794

나누어 대략 '국정을 의논하는 장소'로 짐작할 수 있지만 '堂'[45]은 '강당', '고시의 관아'로 해석됨으로써 '건축출물인지', '강당'인지 판단을 내리지 못할 수도 있다. 그에 비해 '国会大楼', '议会大楼', '国会大厦' 등 표현이 정확하게 '국회의사당프레임'을 부각시킬 수 있다. 그러므로 번역 시 '国会议事堂' 앞에 '韩国的国会大楼国会议事堂'으로 번역하면 온전한 '국회의사당프레임'을 구현할 수 있을 것이다.

5.2.2. 프레임 분석을 통한 표현 선택

목표 언어 독자들의 인지 의식에서 빠져 있기 때문에 목표 문화권에 비어 있는 문화어휘의 번역은 예전부터 번역자들이 가장 까다롭게 여겼던 부분이다. 왜냐하면 번역자가 목표 독자들로 하여금 번역문의 열독을 통해 간접적 체험을 하게 하여 새로운 프레임을 심어주어야 하기 때문이다. 새 프레임의 구축이 단번에 이루어지기는 어렵지만 좋은 번역문은 독자들로 하여금 능동적인 간접 체험을 가능하게 하며 새 프레임도 효율적으로 만들어 준다.

새 프레임은 독자의 머릿속에 기존한 프레임을 기초로 심겨진다. 독자는 기존의 지식과 경험을 참조하여 새로운 사물을 받아들이고 인지 프레임을 구축하기 때문에 친근감을 가져다줄 수 있는 사물은 완전히 낯선 사물보다 더 쉽게 받아들여진다. 그러므로 낯선 문화어휘의 번역은 원문어휘가 살린 프레임에 대한 분석에서부터 시작되어야 한다. 설렁탕, 잡채의 번역을 살

---

45 (1)正房，高大的房子。(2)旧时官吏审案办事的地方。 ——『汉典』

펴보겠다.

(1) 설렁탕

앞에서 언급한 바와 같이 원문에서 '先农汤'으로 번역된 설렁탕은 독자들의 머릿속에 '국/탕'의 프레임만을 활성화시켰을 뿐, 원문 '설렁탕'을 이해하도록 하는 구체적인 개념 요소들이 빠져 있어 독자들이 적절한 프레임을 떠올리는 데 방해 요소가 된다. 따라서 '先农汤'은 적절한 표현이라고 하기가 어렵다.

[표 22] '설렁탕', **'先农汤'**, **'雪浓汤'**, **'牛杂碎汤'** 의 프레임 비교

설렁탕프레임	개념 요소	[곰국] [쇠머리] [쇠족] [쇠고기] [뼈] [내장] [주식]
	이미지 요소	[고기가 들어 있어 저렴한 가격에 든든하게 먹을 수 있는 음식] [피곤하거나 속이 안 좋을 때 먹으면 건강해지는 음식]
先农汤프레임	개념 요소	[국/탕]
	이미지 요소	
雪浓汤프레임	개념 요소	[국/탕] [하얀색]
	이미지 요소	
牛杂碎汤프레임	개념 요소	[국/탕] [내장] [끓임]
	이미지 요소	[조선족 음식]

'先农汤'외에 설렁탕에 대한 번역 어휘로는 '牛杂碎汤'[46], '雪浓

46 따지고 보면 한국의 직장인들이 점심에 흔히 먹는 곰탕이나 설렁탕, 육개장도 다 국밥에 속한다. (严格地说，韩国的上班族午餐时经常吃的熬牛肉汤、牛杂碎汤、辣肉汤也都属于汤饭。)——<국밥: 한국인들의 건강하고 정겨운 패스트푸드>(2011 겨울호)

汤'[47] 등을 흔히 볼 수 있다. '牛杂碎汤'이 살린 [국/탕] 프레임에는 [내장], [끓임] 등의 개념 요소들이 구체적으로 나타나 있다. '雪浓汤'이 살린 [국/탕] 프레임에는 [하얀색] 등의 개념 요소들이 포함되어 있다. '牛杂碎汤', '雪浓汤'이 살린 프레임을 '설렁탕' 프레임과 비교하면 다음과 같다.

『한국민족백과대사전』에는 설렁탕(12권, 1997:337)이 쇠머리·쇠족·쇠고기·뼈·내장 등을 모두 함께 넣고 장시간 백숙으로 푹 고아서 만든 곰국이라고 정의되어 있다. 한국인의 [설렁탕 프레임]은 [곰국], [쇠머리], [쇠족], [쇠고기], [뼈], [내장], [주식] 등의 개념 요소들을 포함하고 있다. 하지만 위와 같은 요소들이 각각 프레임에 처한 위치는 같지 않다. 설렁탕의 요리법을 보면 우선 국물을 장시간 푹 고아서 만든다는 특징이 있으며, 뼈는 국물을 고을 때만 쓰고 주로 살코기와 내장을 먹고 쇠머리·우설(牛舌)은 술안주로 만든다. 따라서 [곰국]과 [쇠고기], [내장]이 [설렁탕 프레임]의 핵심적 요소라고 할 수 있다. '설렁탕', '先农汤', '牛杂碎汤' 각각의 프레임을 비교해보면 [표 22]과 같다.

위에서 볼 수 있듯이 '先农汤'과 '雪浓汤'은 자연스러운 중국어 표현이 아니기 때문에 중국이 독자들이 대략 '先农汤'은 '탕'으로, '雪浓汤'은 '하얀색의 국/탕'으로 짐작하게 된다. 그러므로 '牛杂碎汤'의 번역이 원천텍스트 '설렁탕'이 살리는 프레임과 비슷한 점이 더 많다는 판단을 내릴 수 있다. 하지만 기존의 '牛杂

---

47 소의 여러 부위를 큰 가마솥에 넣어 푹 우려내어 만드는 설렁탕의 경우도 마찬가지이다. 국물을 내고 건져낸 고기를 편육으로 썰어 탕국 위에 얹어 낸다. (制作雪浓汤的方法也一样,将牛的各个部位放到一个大锅里煮烂,然后把肉捞出来切成肉片,放在汤上面。)——<쇠고기 편육 삶고 눌러 만드는 고기요리>(2011 봄호)

碎汤'을 좀 더 보완해서 좀 더 우아한 표현인 '牛杂汤'으로 번역하면 더 적절할 것이라 여겨진다.

(2) 잡채

'잡채'의 경우에는 주로 '杂菜'[48]와 '什锦菜'[49] 두 가지 번역문을 볼 수 있는데 번역문 '杂菜'는 앞에서 언급한 바와 잡채 프레임을 떠올리지 못하게 한다. 『汉典』에 의하면 '杂菜'는 예전의 '잡초'를 뜻하며 '杂'자는 주로 '혼잡하다', '복잡하다', '섞여있다' 등의 부정적이거나 혐오적인 뜻을 표현하는 데 쓰인다는 것을 알 수 있다. 그에 비해 『한어대사전』에서 '什锦'[50]이라는 표현은 다양한 재료로 만든 음식이나 다양한 색상이나 모양으로 나타나는 요리라고 정의되어 있다. 즉 '什锦'이 살리는 음식 프레임은 [다양한 재료], [다양한 색상] 등의 요소를 포함한다.

---

48 팥, 밤, 대추, 잣 따위를 넣고 지은 찰밥과, 버섯, 다시마 등을 넣고 끓인 미역국에, 목이버섯탕수, 여러 가지 채소를 볶아 섞는 잡채, 고구마를 튀겨서 설탕에 졸인 맛 탕 등 기름기 있는 반찬이 상에 오른다. (这一天的餐桌上会出现放入小豆、栗子、大枣、松子等材料制作的糯米饭和放入蘑菇、海带等材料制作的海带汤。还有放入木耳汤和各种蔬菜一起炒的杂菜以及用炸红薯和糖稀制作的拔丝红薯等一些有油水的菜。) ——<운문사 후원(後院) 살림>(2013 여름호)

49 한국 요리 중 채(菜)라는 어미가 붙는 요리로는 탕평채, 잡채, 죽순채, 겨자채 등이 있다. 채소를 주재료로 하되 요리에 따라 쇠고기나 해물 등을 더하여 양념장으로 무친 음식을 뜻한다. 아울러, 한국 요리에서는 야채나 과일을 가늘고 길쭉하게 써는 것을 채친다고 하는데 채라는 말이 붙는 요리에 들어가는 재료들은 대개 채쳐서 사용한다. (在韩国料理中被称做"某某菜"的料理有汤平菜、什锦菜、竹笋菜、拌芥菜等。这些料理都是以蔬菜为主要材料，根据料理的不同加入牛肉或海鲜等辅料，然后用调味酱拌制而成。另外，在韩国语中表达将蔬菜或水果切成细丝这一动作的动词发音与"菜"相同，因此被称做"某某菜"的料理通常都是将材料切成细丝使用。) ——<화려한 묵 요리 탕평채>(2010 겨울호)

50 多种花样的或多种原料制成的 [食品]

[표 23] '잡채', '杂菜', '什锦菜'의 프레임 비교

잡채 프레임	개념 요소	[채소] [버섯] [고기] [당면] [볶음] [무침]
	이미지 요소	[잔치용 요리]
杂菜프레임	개념 요소	[야채요리] [여러 가지 야채]
	이미지 요소	
什锦菜프레임	개념 요소	[다양한 재료] [다양한 색상] [볶음요리]
	이미지 요소	[소주(苏州)] [순조로움] [오래감] [화목]

『百度百科』에 의하면 '什锦菜'[51]는 소주(苏州) 지역의 특색 요리이며 보통 넘나물, 표고버섯, 말린 두부, 순무의 어린 싹 등 열 가지 이상의 재료를 볶아서 만든다. 어떤 집안은 '육/6'과 '구/9'의 '순조롭다, 오래간다, 화목하다'는 뜻을 취해 16가지나 19가지의 재료로 '什锦菜'를 만든다. [什锦菜프레임]에는 [10이나 16, 19가지 종류의 야채], [볶음요리], [소주(苏州) 지역의 특색 요리] 등의 개념 요소들과 [순조롭다], [오래가다], [화목하다]는 이미지 요소들이 포함되어 있다. [什锦菜프레임]과 잡채프레임을 간단하게 비교해 보면 다음과 같다.

『한국민족백과대사전』(13권, 1997:650)에 의하면 잡채는 채소·버섯·고기 등을 볶아서 삶은 당면과 함께 무친 음식이다. [잡채 프레임]에는 [채소], [버섯], [고기], [당면] 등의 재료 요소와 [볶음], [무침] 등의 요리법 요소들이 들어 있으며 [잔치용 요리]라는 이미지 요소가 포함되어 있다. '잡채', '杂菜', '什锦菜'의 프레

51 什锦菜属于苏菜系。 通常使用黄花菜、香菇、豆腐衣、鸡毛菜等炒制而成 ,各地做法不尽相同。 此菜不少于10种蔬菜炒制而成 ,讲究一点的人家会选16种或19种蔬菜 ,取"和顺长久"寓意。

임을 비교해보면 아래 [표 23]과 같다.

[표 23]에서 볼 수 있듯이 '잡채프레임'과 '什锦菜프레임'은 구체적 구성 요소에 차이가 있지만 재료의 종류가 많다는 점에서 가장 비슷한 프레임 구성을 가지고 있다고 할 수 있다.

(3) 식혜

식혜는 '米酒'(『한중중한사전』), '酒酿'[52], '甜米水'[53], '蜜糯汤'[54], '甜米露'(네이버 한중 사전) 등 여러 번역이 있어 독자들을 혼란스럽게 한다. 『민족문화대백과사전』에서는 식혜가 밥을 엿기름으로 삭혀서 감미가 나도록 만든 음료라고 정의되어 있다. 식혜는 멥쌀이나 찹쌀, 엿기름을 발효시켜 만들어낸 음료수이다. 식혜 프레임은 [엿기름], [멥쌀], [찹쌀], [발효], [단맛], [음료수] 등의 요소를 포함한다. 『漢典』에서 '米酒'[55]는 찹쌀이나 기장쌀로 만든 술

52 네 번째 줄에는 마른 안주로 명태포, 육포, 문어포 등이 오르고 그 옆으로 3색 나물과 나박김치, 식혜 등이 오른다. (第四排是明太鱼干、牛肉脯、章鱼鲞等下酒干货，边上摆放三色拌菜、萝卜泡菜、酒酿等。)

——<종가의 제례와 음식>(2010 봄호)

53 사람들이 찾아와 커피 대신 식혜를 마시며 자기가 먹을 쌀이 만들어지는 과정을 보면서 이웃들과 수다를 떨 수 있는 곳을 만드는 것도 디자인입니다. (人们来到这里，不喝咖啡，一边品尝着甜米水，一边看着供自己食用的大米被制造出来，还可以和邻居唠些家常。)

——<'예술이 질문이면 디자인은 답이다' 이영혜 (Lee Young-hye) 광주 디자인 비엔날레 총감독>(2013 겨울호)

54 자연히 한국에서는 쌀을 이용한 음식이 다양하게 발달하였다. 밥, 떡, 식혜, 술, 그리고 죽 등이 쌀을 이용한 음식이다. (很久以前，韩国人就把大米作为主食，自然，在韩国用大米制作的饮食十分丰富多样。 米饭、米糕、蜜糯汤、酒，还有粥都是用大米制作的饮食。)

——<입맛 돋우는 건강식, 전복죽과 잣죽>(2008 봄호)

55 米酒: 用糯米、黄米等酿成的酒。

이라고 하며 '酒酿'[56]은 건더기가 있는 단 맛의 술이라고 한다. '甜米露'는 '甜米水'보다 문어적인 표현이고 말 그대로 쌀로 만든 단 맛의 음료수이다. 이 번역문은 [단맛], [쌀], [음료수] 등의 요소를 포함한 프레임을 살렸다. '蜜糯汤'이라는 이름은 중국 남쪽 지역에서 간식으로 먹는 음식과 이름이 같다. 즉 찹쌀로 만든 단맛의 간식이라는 것이다. 중국 남쪽 지역에서 국을 간식으로 하는 습관이 있는데 찹쌀로 만든 '元宵'가 대표적인 음식이다. '식혜', '米酒', '酒酿', '甜米露', '蜜糯汤'의 프레임을 비교해보면 [표 24]과 같다.

[표 24]에서 알 수 있듯이 '米酒'와 '酒酿'은 술의 프레임, '蜜糯汤'은 간식 프레임을 활성화시킨 것이기 때문에 식혜의 프레임과 근본적으로 다르다. '甜米露'가 '식혜'와 같은 [음료수] 프레임을 살릴 수 있고 구성요소도 비슷해서 가장 적절한 표현이라고 여겨진다.

설문지에 나타나지 않은 '윷놀이'의 번역도 마찬가지이다. '윷놀이'의 중국어 번역으로는 '掷柶游戏'[57], '尤茨'[58]가 있는데 필자는 윷놀이를 '尤茨'라고 번역한 것은 독자 머릿속의 이와 관련된 모든 인지 프레임을 활성화할 수 없기 때문에 적절한 번역이 아니라고 생각한다. '掷柶游戏'라는 번역은 기본적으로 모호한 게임도구 요소인 '柶'와 '무엇을 던지다'라는 게임 방식 등의 요소

56 酒酿: 带糟的甜米酒。

57 한옥에서 생활은 물론, 윷놀이, 투구놀이와 같은 전통 놀이를 하고, 서예, 판소리, 다도를 배울 수 있다. (在村里随处可见的体验空间，可以体验各种各样的传统。韩式房屋内的生活自不用说，游客还可以进行掷栖、投球等传统游戏，或学习书法、盘瑟俚、茶道等。)

——<전주 단아한 한옥 사이로 옛이야기 춤추는 땅>(2012 봄호)

58 李先汉, <한국어2>, 민족출판사, 2000년, pp.8

[표 24] '식혜', '米酒', '酒酿', '甜米露', '蜜糯汤'의 프레임 비교

식혜프레임	개념 요소	[음료수] [엿기름] [멥쌀] [찹쌀] [발효] [단맛]
	이미지 요소	[전통 음료수]
米酒프레임	개념 요소	[술] [찹쌀] [기장쌀] [발효] [단맛]
	이미지 요소	[중국 남쪽 지역]
酒酿프레임	개념 요소	[술] [쌀] [발효] [단맛]
	이미지 요소	[중국 남쪽 지역]
甜米露프레임	개념 요소	[음료수] [쌀] [단맛]
	이미지 요소	[廣東省] [홍콩]
蜜糯汤프레임	개념 요소	[간식] [元宵] [단맛]
	이미지 요소	[廣東省] [홍콩]

를 활성화할 수 있다.

『한국민족백과대사전』에서는 윷놀이를 다음과 같이 설명하고 있다. 윷놀이[59]는 나무 막대기 네 개로 노는 게임이며, '윷'은 게임 속에서 숫자 '4'를 표시하는 것이고, 게임을 의미하는 '놀이'와 합쳐져서 '윷놀이(柶戏)'라는 이름을 얻게 된 것이다. 게임은 일반적으로 두 사람이 대결하는데, 각각 '네 필의 말(말 4개)'이 달리고, 인원수가 많을 때는 두 팀 또는 세 팀으로 나눌 수 있다. 놀이 방법은 네 개의 나무 막대기를 차례대로 던진다. 나무 막대기가 대표하는 서로 다른 숫자에 따라, 말판 위의 '네 필의 말'을 이동시킨다. '말'이 상대방에게 잡힐 경우 처음부터 다

59 두산동아 백과사전연구소, 『두산세계백과사전』, 두산동아출판사, 1997, 17권, pp.362

시 달려야 한다. '네 필의 말'이 동일한 칸에 갈 경우, 두 필의 말이 함께 나아가지만, 상대방에게 잡히면 두 필의 말이 동시에 죽는다. 마지막으로 '말'이 가는 노정의 거리와 속도에 따라 게임의 승패를 결정하게 된다. '윷놀이'는 한국의 음력설에 즐기는 놀이이며, 사람들은 보통 음력 초하루부터 15일까지 즐긴다. 한편 윷놀이는 고대 사람들이 연초에 농사를 짓기 전에 점을 치는 방법에서 유래되었다는 견해도 있다.

윷놀이가 살린 프레임은 중국의 게임 중에 '飞行棋'라는 게임 프레임과 많이 비슷하다. 『백과사전』(pp.563)을 보면 비행체스는 네 가지 색상으로 구성되어 있으며, 위에 비행기 모양의 도형이 그려져 있고, 최대 네 사람이 각각의 색상을 들고 게임을 할 수 있다. 비행체스에는 주사위가 있으며, 주사위를 돌려서 나온 숫

[표 25] '윷놀이', '掷柶游戏', '尤茨', '飞行棋' 프레임 비교

<table>
<tr><td rowspan="2">윷놀이프레임</td><td>개념 요소</td><td>[게임] [나무 막대기 네 개] [말판] [말(바둑돌)] [2인] [2팀] [3팀] [게임규칙] [설날 때 하는 놀이]</td></tr>
<tr><td>이미지 요소</td><td>[설날] [명절] [전통놀이] [고대 사람들이 점치는 방법]</td></tr>
<tr><td rowspan="2">掷柶游戏프레임</td><td>개념 요소</td><td>[게임]</td></tr>
<tr><td>이미지 요소</td><td></td></tr>
<tr><td rowspan="2">尤茨프레임</td><td>개념 요소</td><td></td></tr>
<tr><td>이미지 요소</td><td></td></tr>
<tr><td rowspan="2">飞行棋프레임</td><td>개념 요소</td><td>[게임] [주사위] [바둑판] [소형 비행(바둑돌)] [2인] [2팀] [3팀] [게임규칙]([주사위를 던지기] [숫자에 따라 바둑돌을 이동하기] [전체 바둑돌이 먼저 결승점을 통과하는 쪽이 승리함])</td></tr>
<tr><td>이미지 요소</td><td></td></tr>
</table>

자에 따라 전진한다. 그렇지만 처음 시작할 때는 6이 나와야 비로소 비행기를 이륙시킬 수 있으며, 6이 나오면 다시 한 번 던질 기회를 얻게 된다. 특히 결승점에 도착할 때는 주사위를 던져서 결승점까지 남은 숫자가 정확하게 나와야 승리할 수 있으며, 그렇지 않으면 다시 돌아와야 한다. 기본 규칙은 이륙, 연속 던지기, 반복하기, 부딪치기, 뛰어넘기, 비행 등이다. '윷놀이', '掷柶游戏', '尤茨', '飞行棋' 프레임을 비교해보면 아래 [표 25]과 같다.

[표 25]에서 알 수 있듯이 '윷놀이 프레임'과 '飞行棋 프레임'의 프레임 구성 요소를 비교해보면 진행 시간과 이미지 요소에 차이가 나는 것 외에 유사점이 많다. 그러므로 윷놀이를 번역할 때는 '掷柶游戏'라는 번역에 '비행체스 게임과 비슷하다'는 해석을 덧붙일 필요가 있다고 여겨진다. '掷柶游戏' 프레임에 결여된 요소들을 보충하여 원문이 살린 프레임에 최대한 접근을 하는 것이다.

요소 분석을 통해 번역자는 번역 작업을 할 때 두 언어의 접속점을 빠르게 찾을 수 있고, 번역자 자신이 구축해야하는 프레임을 명확히 할 수 있으며, 독자에게 전달해야 하는 필요 정보 역시 명확하게 제시할 수 있다.

5.2.3. 프레임 조정을 통한 기본적 프레임 활성화

번역자들은 보통 독자에게 목표 언어에서 결여된 프레임을 심어주는 것을 어려워한다. 그런데 프레임의 층위 조정을 통해 한 층 올라가거나 내려가서 인접한 프레임을 활성화시킬 수 있는 방법이 있다.

'판소리'의 번역을 예로 들 수 있다. '판소리'는 '盘瑟俚'[60]나 '盘索里'[61], '判素里'[62]로 번역된다. 또는 『김혜림 한중번역사전』(2008:48)에서는 '清唱'이나 '说唱'으로 번역되기도 했다. '盘瑟俚', '盘索里', '判素里'는 모두 음역이며 앞의 설문조사 결과에 나타난 것처럼 이러한 음역은 목표 언어 독자의 머릿속에 '판소리'와 관련된 인지 프레임을 활성화시키지 못한다. 음역한 결과는 원문 텍스트의 정보를 제대로 전달하지 못해 목표 언어 독자들이 번역문을 이해하지 못하게 만든다. 여기서는 '清唱'과 '说唱'의 번역을 한 번 살펴보도록 하겠다.

『漢典』에서 '说唱'[63]은 말과 노래가 있는 각종 설창 예술을 일컫는다. 예를 들어, '대고(大鼓)', '만담(相声)', '탄사(弹词)' 등이 있다. '清唱'[64]은 중국 전통극의 공연 형식이다. 분장을 하지 않고 동

---

60 '판소리는 너무 좋은데 언제까지나 20세기 이전의 음악만을 할 수 없지 않겠냐'고 말하는 이자람은(李紫蓝曾经公开表示:"我十分热爱盘瑟俚艺术,但也不能为了保持其纯粹性,就一直只演唱20世纪以前的传统曲目"。)

——<세계유산이 된 한국의 인간문화재들>(2012 가을호)

61 이처럼 마당은 일의 공간이자 놀이공간이며 휴식공간이자 제의(祭儀)와 잔치의 공간이며, 때로는 생산과 저장의 공간이기도 했다. 이렇게 많은 일들이 벌어지고 다양한 구실을 했기에, 어떤 일이 이루어지고 있는 상황이나 공간도 마당이라 부르게 되었고, 판소리나 탈춤 따위의 단락을 세는 단위로도 사용되게 되었다. 또한 재주가 많고 발이 넓은 사람을 마당발이라 부르기도 한다. (院落,既是劳作的场地,也是玩耍的游乐场;既是休息的空间,也是祭祀和庆典活动的举行场所;有时还是生产和储藏的空间。院落,可以进行各种活动;院落,功能多样。所以,韩文中把院落叫做"场",表示发生事情的场所;像盘索里、假面舞等传统艺术表演还用"场"作为段落划分单位。此外,还把有才能、人脉广的人称为"场脚"。)

——<마당과 정원>(2013 가을호)

62 내 고향 고창은 판소리의 고장입니다. (我的故乡在高敞,那里是判素里的故乡。)

——<사진으로 시대를 기록한다-사진가 김녕만>(2014 가을호)

63 说唱:指有说有唱的曲艺。如大鼓、相声、弹词等。

64 清唱:不化装,可动作,无道白,只唱曲;乐器简单,常用弦索、笙笛、鼓板等。

[표 26] '판소리', '盘索里', '清唱', '说唱' 프레임 비교

판소리프레임	개념 요소	[예술 형식] [민간 예술] [가수] [고수] [북치기] [노래하기] [말 표현] [몸짓 표현] [서사적 이야기]
	이미지 요소	[소중한 전통 음악]
盘索里프레임(음역)	개념 요소	
	이미지 요소	
清唱프레임	개념 요소	[중국 전통극의 공연 형식] [분장을 하지 않음] [몸짓으로 표현하기] [대사가 없음] [노래만 하기]
	이미지 요소	[전통극] [역사적 이야기]
说唱프레임	개념 요소	[각종 설창 예술 프레임] [말과 노래 표현이 섞인 예술] [대고(大鼓)] [만담(相声)] [탄사(弹词)]
	이미지 요소	[명절] [유머] [웃기는 이야기]

작과 함께 대사 없이 노래만 하는 전통극이다. 사용되는 악기는 간단한 편이며, 현악기의 줄, 생적(笙笛), 고판(鼓板)등을 주로 사용한다. '说唱'이 살린 [각종 설창 예술 프레임]에는 [말과 노래 표현이 섞인 예술], [대고(大鼓)], [만담(相声)], [탄사(弹词)] 등의 요소들이 포함되어 있다. '清唱'이라는 표현은 [중국 전통극의 공연 형식] 프레임이며 [분장을 하지 않음], [몸짓으로 표현하기], [대사가 없음], [노래만 하기] 등의 요소들이 포함돼 있다.

『민족문화대백과사전』에서 '판소리'[65]는 조선 중기 이후 발전

65 두산동아 백과사전연구소,『두산세계백과사전』,두산동아출판사, 1997, 23권, pp.350

되기 시작한 민간 예술이라고 정의되어 있다. 가수는 고수가 북을 치는 리듬에 맞춰 노래, 언어 및 신체 동작을 통해 서사적인 이야기를 표현한다. '판소리'는 민간 예인에 의해 대대로 전해졌으며, 처음에는 농촌 및 재래시장에서만 공연했으나 후에는 조정 관리 및 부자 상인의 저택에서도 공연이 열렸다. 관중 층은 비교적 다양하며 공연은 약 2~4시간 지속된다. '판소리' 프레임도 예술 형식의 프레임이며 [민간 예술], [가수], [고수], [북치기], [노래하기], [말 표현], [몸짓 표현], [서사적 이야기] 등의 요소들을 포함한다. '판소리', '盘索里', '清唱', '说唱' 프레임을 비교해보면 [표 26]과 같다.

비교해 본 결과 판소리는 표현 형식면에서 [고수], [북치기], [노래하기], [몸짓 표현] 등의 요소가 포함되어 있어 '清唱'과 많이 비슷하지만 [대고(大鼓)], [만담(相声)], [탄사(弹词)] 등과 비슷한 이차 프레임은 '说唱' 프레임에 속한다. 따라서 번역문 '说唱'이 '清唱'보다 더 적당한 표현이라고 할 수 있다. '说唱'은 '판소리 프레임'에서 한 단계 위의 범주로 올라간 번역이다. '盘索里' 등 음역으로 번역된 것들은 중국어로 표현할 때 '음'만 따지고 문자의 뜻이나 어법을 고려하지 않아 적당한 프레임을 부각시키지 못한다. 중국의 문자인 한자는 서양의 알파벳과 같은 표음문자와 달리 뜻글자이기 때문에 음역의 방법으로 번역해도 글자의 뜻을 고려할 필요가 있다고 여겨진다. 혹은 '판소리'의 기본적인 프레임을 떠올릴 수 있도록 '盘索里(韩国的说唱艺术)'와 같이 주석을 달아주는 것이 더 효과적일 것이다.

이와 같이 번역자는 프레임 조정을 통해 번역자가 목표 언어에서 결여된 프레임을 번역문 독자들에게 제공할 수 있다.

5.2.4. 독자의 시각으로 바라보는 프레임 요소

앞서 언급한 바와 같이 프레임의 구성 요소는 개념 요소와 이미지 요소로 나뉜다. 번역문이 살린 프레임과 출발 언어 문화 어휘의 프레임이 비슷해 보이지만 핵심적 개념 요소가 다르거나 필요한 이미지 요소의 차이가 많아 적당한 번역문을 만들지 못하는 경우에는 필요한 요소를 보충함으로 목표 언어의 프레임을 보완해야 한다.

(1) 육개장

육개장은 '牛肉汤'[66], '辣肉汤'[67] 등으로 번역된다. 『민족문화대백과사전』(17권, 1997:182)에서 육개장은 푹 삶은 쇠고기를 알맞게 찢어 갖은 양념을 하여 얼큰하게 끓인 국이라고 정의되어 있다. 육개장은 특히 복날의 절식으로 되어 있지만 평소에도 많이 먹는다. 『漢典』에서 '牛肉汤'[68]은 쇠고기로 만든 국이라고 하며 '辣肉汤'은 글자 그대로 고기로 만든 매운 맛의 국이라고 해석된다. '牛肉汤'은 중국 요리라서 쉽게 수용되지만 '辣肉汤'은 중국 조선

---

66 한국인은 더위를 삼계탕, 육개장 같은 뜨거운 음식으로 물리치는 것도 즐기지만 여름철에는 냉면을 비롯해 냉콩국수, 깻국수 등 시원한 음식 또한 제격이다. (虽然韩国人在夏季也喜欢用参鸡汤、牛肉汤等进补食品来恢复体力，但是冷面、豆浆冷面、芝麻冷面等爽口的饮食也是他们喜爱的夏季饮食。)

——<콩국수-여름에 먹는 영양 많은 냉국수>(2010 여름호)

67 그 외에 김치국밥, 굴국밥, 소머리국밥도 있으며 따지고 보면 한국의 직장인들이 점심에 흔히 먹는 곰탕이나 설렁탕, 육개장도 다 국밥에 속한다. (除此之外，还有泡菜汤饭、牡蛎汤饭、牛头肉汤饭。 严格地说，韩国的上班族午餐时经常吃的熬牛肉汤、牛杂碎汤、辣肉汤也都属于汤饭。)

——<국밥: 한국인들의 건강하고 정겨운 패스트푸드>(2011 겨울호)

68 牛肉汤:用牛肉做成的汤。

족의 음식이나 한국 음식이라는 이미지를 준다. '육개장', '牛肉汤', '辣肉汤' 프레임을 비교해보면 아래 [표 27]과 같다.

[표 27] '육개장', '牛肉汤', '辣肉汤' 프레임 비교

육개장프레임	개념 요소	[국/탕] [삶은 쇠고기] [얼큰한 맛]
	이미지 요소	[복날의 절식] [일상적 음식]
牛肉汤프레임	개념 요소	[국/탕] [쇠고기]
	이미지 요소	[겨울철 음식]
辣肉汤프레임	개념 요소	[국/탕] [고기로 만듦] [매운 맛]
	이미지 요소	[조선족 음식]

육개장이 살린 [국/탕] 프레임은 핵심적인 개념 요소 [삶은 쇠고기], [얼큰한 맛] 및 이미지 요소 [복날의 절식], [일상적 음식] 등의 요소로 구성된다. '牛肉汤'이 살린 [국] 프레임에는 [쇠고기] 요소만 들어가 있고, '辣肉汤'이 살린 [국] 프레임에는 [고기로 만듦], [매운 맛] 요소가 프레임에 포함돼 있다는 점을 알 수 있다. 전자의 경우는 '얼큰한 맛' 요소가, 후자는 '쇠고기' 요소가 빠져 있다.

무엇보다도 '매운 맛'이 한국음식의 가장 두드러진 특징이라고 할 수 있다. 식문화가 다른 중국인 독자들에게는 음식의 맛이 핵심적 요소기 때문에 번역자는 독자의 시각에서 목표프레임에 결여된 요소를 보완해야 한다. 따라서 육개장은 '辣牛肉汤' 또는 '牛肉辣汤'으로 번역하는 것이 더 적당하다고 여겨진다.

(2) 국밥

국밥은 '汤泡饭'[69]과 '汤饭'[70]으로 번역된다. 『민족문화대백과사전』(3권, 1997: 663)에서 국밥은 국에 밥을 말아내는 음식으로 정의되어 있다. 원래 국과 밥은 밥상에 따로 담아서 올리고 먹는 사람도 따로 먹다가 밥을 국에 말아서 먹는 경우가 있다. 그러나 국밥은 먹는 사람이 밥상에서 국과 밥을 합치는 것이 아니라 부엌에서 국에 밥을 넣어서 대접하는 것을 말한다. 한꺼번에 먹을 사람이 많은 경우나 추울 때 뜨겁게 먹기 위한 음식이다. 국밥이 살린 음식 프레임은 [쇠고기], [양지머리], [우둔살], [국], [밥을 말아내기], [대접용], [장터음식] 등의 요소를 포함한다.

『百度百科』에는 '汤泡饭'[71]은 밥을 국에다 말아내어 식사하는 방식이라고 설명되어 있다. 밥을 국에다 말아내면 밥이 부드러워져서 삼키기가 편하다. 하지만 음식을 잘 씹지 않고 통째로 삼키게 되기 때문에 위장에 부담이 되고 음식이 잘 소화되지 못한다.

---

69 국물이 있는 안주의 대표는 술국이다. 설렁탕, 순댓국, 해장국 같은 국밥을 파는 집이라면 어디서나 주문할 수 있는 안주로, 흔히들 '소주의 친구'라고 부른다. (最具代表性的佐酒汤菜是下酒汤。 先农汤、血肠汤、醒酒汤等是在任何卖汤泡饭的小店里都可以吃到的佐酒汤菜，它们通常被称为"烧酒之友"。)

——<소주 안주>(2013 겨울호)

70 汤饭，韩国人情有独钟的健康快餐

——<국밥: 한국인들의 건강하고 정겨운 패스트푸드>(2011 겨울호)

71 汤泡饭是汤和饭混在一起的，由于包含水分较多，饭会比较松软，很容易吞咽，人们因此咀嚼时间减少，食物还没经咀嚼烂就连同汤一起快速吞咽下去，这不仅使人"食不知味"，而且舌头上的味觉神经没有刺激，食物一定要先经过牙齿的咀嚼，让唾液均匀地搀和到食物中去，才能使淀粉酶充分发挥作用，把淀粉变为麦芽糖，进行初步消化，再进入胃肠。 汤泡饭不用细嚼，就直接进到胃里，势必增加胃肠的负担，食物中的养分也不容易被彻底吸收。 胃和胰脏产生的消化液不多，这就加重了胃的消化负担，日子一久，就容易导致胃病的发作。

이런 식으로 식사를 오래 하면 위병에 걸릴 가능성이 높아진다. '국밥', '汤泡饭', '汤饭' 프레임을 비교해보면 아래 [표 28]과 같다.

[표 28] '국밥', '汤泡饭', '汤饭' 프레임 비교

국밥프레임	개념 요소	[쇠고기] [양지머리] [우둔살] [국] [밥을 말아내기]
	이미지 요소	[대접용] [장터음식]
汤泡饭프레임	개념 요소	[식사 방식] [국] [밥을 말아내기]
	이미지 요소	[건강에 해로움]
汤饭프레임	개념 요소	[탕/국] [밥]
	이미지 요소	[의문]

위에서 확인할 수 있듯이 '汤泡饭'이 부각시킨 프레임은 요리의 프레임이 아닌 식사하는 방식의 프레임이다. 그리고 '건강에 해로움' 등과 같은 이미지 요소도 같이 포함되어 있다. 그러므로 국밥을 '汤泡饭'으로 번역하는 것은 독자들의 혐오를 초래할 수 있어 적당한 표현으로 볼 수 없다. '汤饭'은 중국어에 없는 표현이라 독자가 '汤饭'이 밥인지 국인지 구별을 못해 의문을 가질 수 있다. 그에 비해 '汤(煮)饭'은 [국], [밥], [끓이기], [고기죽] 등의 요소들이 포함되어 있고 국에 밥을 말아내고 끓인 음식의 프레임을 살릴 수 있어 보다 더 분명한 프레임을 부각시킬 수 있다. [끓이기] 요소를 첨가하면 국밥의 프레임을 살리면서 중국인 독자들에게 고기죽을 연상시켜 친숙한 느낌을 갖도록 할 수 있다. 그러므로 '汤(煮)饭'이 국밥을 더 정확하게 번역한 표현이라고 여겨진다.

개념 요소 외에 이미지 요소를 보충하여 원문 정보를 보완하

는 번역 전략도 활용될 수 있다. '한정식(韩定食)', '도산공원(岛山公园)', '홍대(弘大)'의 번역을 예로 살펴보겠다.

(3) 한정식

'韩定食'(한정식), '岛山公园'(도산공원), '弘大'(홍대) 등의 번역문이 활성화시킨 프레임은 원문이 살린 프레임과 비교했을 때 이미지미 요소가 빠져 있다는 문제가 있다.

'韩定食'[72]은 한정식에 대한 직역이다. '韩式套餐'[73], '韩式客饭'(『김혜림 한중 사전』(2008:51))등으로 번역된다. 설문조사의 결과를 보면 대부분의 중국인 독자가 한정식이 비빔밥과 된장찌개 등 일상 음식과 같은 음식이라고 생각하는 것을 볼 수 있다. 번역문 '韩定食'이 [한국요리]의 프레임은 활성화시켰지만 한정식의 이미지 요소, 즉 손님 대접용 음식이라는 것에까지는 생각을 미치게 하지 못한 것이다. 『두산백과』에서는 한정식을 한국의 반상차림을 서양의 정찬처럼 시간 전개형으로 격식을 갖추어 차려내는 음식으로 정의하고 있다. 전채, 곡물 위주의 주식과 부식(반찬) 및 후식으로 구성되어 있는 상차림이다. 한정식의 상차림은 밥과 국, 김치, 조치(찌개), 그리고 종지에 담은 간장, 초장 등을 제외한 반찬을 기본으로 하여 생채, 숙채, 구이류, 조림류,

---

72 요즘 사람들이 흔히 고급 한국음식이라고 생각하는 한정식도 옛날 반가의 상차림과는 거리가 멀다. (今天大多数人认为韩定食是高级韩国传统饮食 ,但其实韩定食还是与古时候两班贵族家里的饮食相差很大。)

——<음식과 전통>(2012 가을호)

73 성안의 한 식당에 같은 이름의 메뉴가 있어 먹어보니 버섯 전에 무생선조림, 도라지나물 등이 나오는 한정식이었다. (我去尝过了, 其实就是蘑菇煎饼、萝卜炖海鲜、桔梗菜等组成的韩式套餐。)

——<매화 핀 낙안(樂安)읍성과 금둔사>(2012 여름호)

전류, 장과류, 마른찬, 젓갈류, 회, 편육 등을 쟁첩에 따라 3첩, 5첩, 7첩, 9첩, 12첩으로 나눈다. 고급스러운 음식으로 귀한 손님을 대접할 때 많이 먹는다. 한정식 프레임은 [전개형으로 차린 음식], [주식], [반찬], [후식], [다양한 음식], [3첩], [5첩] 등의 개념적 속성과 [반상차림], [고급스러운 음식], [대접용 음식] 등의 이미지 요소를 포함한다.

'韩式套餐'은 한정식의 양식인 3첩, 5첩, 7첩, 9첩, 12첩을 반영한 번역이다. [한국요리], [세트메뉴] 등의 요소를 포함한 프레임을 살릴 수 있다. '韩式客饭'은 번역자가 한정식의 [손님 대접용]이라는 이미지 요소를 살리려고 만든 번역이다. 두 가지 번역문은 모두 한정식의 개념 요소와 이미지 요소를 통합시키지 못한다. 앞의 한정식 프레임에 대한 분석을 보면 한정식이 중국의 '满汉全席'가 살린 프레임과 비슷한 요소들이 있다는 것을 확인할 수 있다. 『百度百科』에서 '满汉全席'는 양반집에서 하는 잔치 상차림으로 정의되어 있다. 청나라 때 잔치에 초대되는 손님들에는 만족, 한족 출신이 섞여 있었는데, 출신이 다른 이들을 동시에 만족시켜 주기 위해 만족과 한족의 여러 요리가 개발되었다. 또 다른 종류의 요리를 만드는 요리사들이 서로 경쟁하게 되어 요리 솜씨가 끊임없이 보완되었으며 각종 뛰어난 요리가 만들어졌다. 사람들은 재료의 종류, 요리방법에 따라 만족과 한족이 모두 인정한 맛있는 음식의 대표로 108가지 요리를 뽑았고 이를 '满汉全席'라고 칭했다. '满汉全席 프레임'에는 [만족, 한족 요리], [손님 대접용], [108가지 요리] 등의 개념 요소와 [풍부함], [존대 받음] 등의 이미지 요소가 포함되어 있다. '한정식', '韩定食', '韩式套餐', '韩式客饭', '满汉全席' 프레임을 비교해 보면 아래 [표 29]과 같다.

[표 29] '한정식', '韩定食', '韩式套餐', '韩式客饭', '满汉全席' 프레임 비교

한정식프레임	개념 요소	[전개형으로 차린 음식] [주식] [반찬] [후식] [다양한 음식] [3첩] [5첩]
	이미지 요소	[반상차림] [고급스러운 음식] [대접용 음식]
韩定食프레임	개념 요소	[한국요리]
	이미지 요소	
韩式套餐프레임	개념 요소	[한국요리] [세트메뉴]
	이미지 요소	
韩式客饭프레임	개념 요소	[한국요리] [손님 대접용]
	이미지 요소	
满汉全席프레임	개념 요소	[만족, 한족 요리] [손님 대접용] [108가지 요리]
	이미지 요소	[풍부함] [존대 받음]

[표 29]를 보면 '满汉全席프레임'이 '민족의 특색 있는 요리'라는 요소 외에 '한정식프레임'의 개념 요소나 이미지 요소와 유사한 점이 많다는 것을 알 수 있다. 그러므로 한정식을 '韩式全席'와 같이 번역하는 것이 한정식 프레임을 살릴 수 있는 적절한 표현이라고 생각된다.

(4) 도산공원

'岛山公园'은 도산공원에 대한 직역이다. 조사 결과에서 확인할 수 있는 것처럼 128명(91%)의 참여자가 도산공원이 패션거리가 아니라는 판단을 내렸다. 즉 번역문 '岛山公园'이 활성화시킨 프레임은 하이엔드 패션거리의 프레임이 아니라 도산이라는 공

원의 프레임이다. '도산공원'과 '岛山公园 프레임'을 비교해보면 아래 [표 30]과 같다.

[표 30] '도산공원'과 '岛山公园' 프레임 비교

도산공원프레임	개념 요소	[도산공원]
	이미지 요소	[패션거리]
岛山公园프레임	개념 요소	[공원] [공원이름: 岛山]
	이미지 요소	

[표 30]에서 볼 수 있듯이 '도산공원프레임'의 이미지 요소 [패션거리]는 중국인 독자들이 역문을 통해 알 수 없는 정보이므로 '岛山公园'보다는 '岛山公园文化街'나 '岛山公园时尚街'로 번역하는 것이 낫다고 본다. '文化街'나 '时尚街'라고 번역하는 것은 도산공원 근처에 있는 패션거리의 이미지 요소를 잘 보완해 준다고 여겨진다.

(5) 홍대

'弘大'는 원문대로 홍익대학교의 약칭을 '홍대'로 직역한 것이다. 그런데 중국인 독자들에게 '弘大的音乐'라는 표현은 '홍익대학교 근처 거리의 음악'보다는 우선적으로 '웅대한 음악'이라는 뜻으로 이해된다. 그 원인은 중국인 독자들은 우선 홍대가 '홍익대학교'의 약칭인 사실을 모르고 그 다음에 홍대가 대학교로서 건축, 미술 분야에서 유명하다는 사실도 파악하지 못하며 더욱이 홍대 근처 거리에서 음악공연을 자주 한다는 이미지 요소도 결여되어 있기 때문이다. 간단하게 '홍대음악'과 '弘大的音

乐’ 프레임을 비교해보면 아래 [표 31]과 같다.

[표 31] ‘홍대음악’과 ‘弘大的音乐’ 프레임 비교

홍대음악프레임	개념 요소	[홍익대학교] [근처 거리] [음악]
	이미지 요소	[자유로움] [젊음] [인디밴드]
弘大的音乐프레임	개념 요소	[웅대한 음악]
	이미지 요소	

그러므로 ‘弘大的音乐’은 ‘弘大街头音乐’로 번역하여 [거리문화], [거리음악] 등의 요소를 보완해 주어야 한다. 그리고 “弘益大学简称‘弘大’, 以建筑美术等学科闻名”와 같은 식으로 각주나 해석으로 홍익대학교가 건축, 미술 전공이 유명하다는 이미지 요소를 첨부해 주어야 한다.

5.2.5. 원문 저자의 시각으로 바라보는 프레임 요소

일부 단어는 그 언어 표현 형식이 매우 비슷하지만 각자 언어에서 활성화된 프레임은 분명히 다르다. 독단적으로 양자를 동등하게 번역하는 것은 바람직하지 못하다. 여기에서는 ‘고무신’과 ‘만둣국’을 번역한 것을 예로 들겠다.

(1) 고무신

'고무신'은 '胶鞋'[74] 또는 '皮鞋'[75] 등으로 번역되었다. '胶鞋'는 고무신을 직역한 것이고 '皮鞋'는 의역한 예시이다. 각자가 살린 프레임을 살펴보면 다음과 같다.

『민족문화대백과사전』에서 '고무신'[76]은 고무로 만들어진 신발이라고 정의되어 있다. 남자가 신는 전통적인 고무신의 스타일은 가죽으로 만든 신발과 비슷하며 여자가 신는 고무신의 스타일은 중국 당나라 시기의 스타일과 비슷하다. 1930년대 이후 한국의 고무 공업이 발전함에 따라 방수효과가 좋아 실용적이었던 고무신은 가죽구두인 당혜(唐鞋) 및 초혜(草鞋:짚신)를 제치고 크게 유행하였다. 흔히 흰색과 검은색 두 가지 색의 고무신을 볼 수 있다. 고무신 사용 변천의 흐름을 살펴보면, 먼저 1938년부터 1945년까지는 일제강점기로 인한 통제기라 볼 수 있다. 고무신은 1945년 이후 6·25전쟁까지 전성기를 이루었다가, 1960년경부터 고무신의 단점을 보완한 운동화가 대중화되고

---

74 뜻밖에 마주친, 호미, 긴 빗자루, 나물 바구니, 앉은뱅이 의자, 장화 등이 줄 맞추어 정돈되어 있는 모습은 보는 사람으로 하여금 미소를 머금게 하기도 하고, 엄숙해지게 하기도 한다. "네 발밑을 살펴라(照顧脚下)!"라는 경구는 법당 앞에 가지런히 벗어놓은 하얀 고무신뿐만이 아니라 이런 공간에서도 실천되고 있는 것이다. (令人意外的是寺院里的锄头、扫帚、野菜篮子、椅子、长靴等也都整整齐齐排成一排 ,让人看了不禁会心一笑 ,也会让人有一种庄严之感。"照顾脚下!"这句警句的精神不仅体现在法堂前整齐摆放的白色胶鞋上 ,在这些地方也得以体现。)

—— <운문사 후원(後院) 살림>(2013 여름호)

75 글캐서 부잣집 마나님들이 고무신 여섯 켤레는 닳아 없앨 만큼 오래 들락날락하믄서 애를 써야 겨우 주문한 장석을 손에 넣을 수 있었다고 하지예.(所以 ,那些富人家的夫人们在漫长的等待中来来回回 ,皮鞋都磨破了六双 ,要颇费一番心思才能将订做的饰件拿到手。)

——<목가구에 '보석'을 박는 두석장(豆錫匠) 김극천(金克千, Kim Kyk chen)>(2012 겨울호)

76 한국정신연구원, 『한국민족문화대백과사전』, 웅진출판주식회사, 1994, 2권: 476

구두가 생활화되면서 그 선호도가 날로 저하되어 오늘에 이르렀다. 고무신은 사회 발전에 따라 양식이나 재질에서 큰 변화를 겪었는데 크게 두 가지 프레임을 살릴 수 있다. 즉 전통 고무신 프레임과 현대의 개량된 고무신 프레임이다. 전통 고무신 프레임은 [가죽신], [천], [당혜], [한복과 어울려 신기] 등의 요소를, 현대의 개량된 고무신 프레임은 [고무 재질], [검은색], [흰색], [일상 착용], [방수], [비위생적임] 등의 요소들을 포함한다.

『漢典』에서 '胶鞋'[77]는 고무로 만든 신발이며 보통 장화를 가리킨다. 가끔은 고무 밑창의 천 신발도 '胶鞋'라고 한다. '胶鞋'가 살린 프레임은 세 가지이다. [장화 프레임]은 [고무 재질], [부츠 스타일], [다양한 색상], [방수] 등의 요소를, [군화 프레임]은 [녹색], [고무 밑창천의 신발], [군대제복용] 등의 요소를, [운동화 프레임]은 [고무 밑창천의 신발], [색상이 다양함], [편리함] 등의 요소를 포함한다. '胶鞋'가 활성화시킨 세 가지 프레임은 고무신이 살린 세 가지 프레임과 차이가 많이 난다는 것을 알 수 있다. 고무신을 '胶鞋'로 번역했을 때는 동일한 [재질] 요소가 고려되었다는 것을 알 수 있다. 그러나 양쪽의 실질적으로 활성화된 프레임에 포함된 요소들은 대부분이 다르다.

'皮鞋'는 독자들에게 '구두프레임'을 떠올리게 하는데 이것은 '고무신 프레임'과 큰 차이가 있다. '고무신', '胶鞋', '皮鞋' 프레임을 비교해보면 아래 [표 32]과 같다.

---

77 胶鞋: 用橡胶制成的鞋 ,通常指雨鞋。 有时也指橡胶底布面的鞋。

[표 32] '고무신', '胶鞋', '皮鞋' 프레임 비교

고무신 프레임	전통	개념 요소	[가죽신] [천] [당혜] [한복과 어울려 신기]
		이미지 요소	[전통 신발]
	개량	개념 요소	[고무 재질] [검은색] [흰색] [일상 착용] [방수] [비위생적임]
		이미지 요소	[부모님 세대의 학생 신발] [할머니 할아버지] [스님]
胶鞋 프레임	장화	개념 요소	[장화 프레임] [고무 재질] [부츠 스타일] [다양한 색상] [방수]
		이미지 요소	[비] [눈]
	군화	개념 요소	[군화 프레임] [녹색] [고무 밑창천의 신발] [군대제복용]
		이미지 요소	[군인] [전쟁] [아픔]
	운동화	개념 요소	[운동화 프레임] [고무 밑창천의 신발] [색상이 다양함]
		이미지 요소	[편리함]
皮鞋		개념 요소	[구두] [정장차림]
		이미지 요소	[양복] [불편함]

고무신은 크게 전통 고무신과 개량된 고무신으로 나눌 수 있으므로 '고무신프레임'은 '전통 고무신'과 '개량 고무신'으로 구별하여 번역할 수 있다고 생각된다. 전통 고무신은 한복과 어울려 많이 신기 때문에 '韩服鞋(한복 고무신)'으로, 개량된 고무신은 앞에서 언급한 바와 같이 프레임 조정을 해서 '胶鞋'의 상위 범주인 '橡胶鞋(고무로 만든 신)'로 번역하는 것이 더 바람직하다고 여겨진다. '橡胶鞋'는 활성화된 프레임에서 [재질] 요소만을 포함하

고 있고 [스타일], [색상], [용도] 등 핵심적 요소가 결여돼 있지만, 독자가 오해하지 않고 번역문을 좀 더 잘 이해할 수 있게 해준다. '橡胶鞋'로 번역하는 것은 사실 높은 범주의 프레임에서 기존 프레임을 대체하는 번역 방법이다. 결여된 요소들은 해석이나 주석을 통해 보충해야 한다.

(2) 만둣국

만둣국은 '饺子汤'라고 번역된다. 설문조사의 결과를 보면, 만둣국을 '만두를 끓인 다음에 남은 국물'이라고 생각하는 참여자가 92명이나 된다는 사실을 확인할 수 있다. '饺子汤'이라는 번역이 참여자들에게 한국의 만둣국에 관한 정확한 정보를 전달하지 못해 중국의 만두를 끓인 국물로 착각하고 있는 사람이 상당한 비중을 차지하고 있는 것으로 나타났다.

『민족문화대백과사전』(7권, 1994:614)에서 만둣국은 장국에 만두를 넣고 끓인 음식이라고 정의되어 있다. '饺子汤'은 만두를 끓인 국물인데 만둣국과 많이 다르다. [만둣국프레임]은 [장국], [만두], [끓이기], [음식] 요소를 포함한다. 간단하게 '만둣국'과 '饺子汤'의 프레임을 비교해보면 아래 [표 33]과 같다.

[표 33] '만둣국'과 '饺子汤' 프레임 비교

만둣국프레임	개념 요소	[장국] [만두] [끓이기] [음식]
	이미지 요소	[만두와 국물을 같이 먹는 음식]
饺子汤프레임	개념 요소	[국물]
	이미지 요소	

'饺子汤'이 음식 프레임이 아닌 [국물] 프레임을 살린다는 점에서 '만둣국프레임'과 큰 차이가 난다.

한편 만둣국은 중국의 '馄饨'이라는 음식과 비슷한 프레임 구성 요소를 많이 찾을 수 있다. 『漢典』에서 '馄饨'[78]은 소와 만두 껍질로 빚은 만두를 물에 넣어 익힌 음식이며 만두를 국물과 같이 식용한다고 되어 있다. 그러므로 '馄饨' 프레임과 만둣국프레임의 구성 요소들이 매우 유사하다는 것을 알 수 있다. '饺子汤'보다는 만둣국을 '韩式馄饨'으로 번역하는 것이 더 바람직하다.

이 장에서는 프레임이론에 근거하여 4장과 5장에서 살펴본 해외 홍보 자료의 문화어휘 번역에서 나타난 문제점을 분석하였으며, 이를 상응하는 프레임을 활성화할 수 없는 번역, 살린 프레임이 같지만 적절한 언어 표현을 선정하지 못한 번역, 언어 표현의 형태가 똑같지만 활성화된 프레임은 완전히 다른 번역, 번역문이 살린 프레임이 원문 독자가 의식하는 프레임과 다른 번역 등 네 가지 유형으로 나누어 살펴보았다. 그리고 다섯 가지 번역 전략을 제안하고 검토하였다. 그 전략에는 가장 친숙한 표현으로 목표 언어 독자의 인지 프레임을 활성화시켜 문화 간의 거리감을 감소시키기, 프레임 분석을 통해 비슷한 프레임 요소들을 포함한 표현을 찾기, 프레임 조정을 통해 목표 언어에서 기본적 프레임을 살리기, 번역문 독자의 시각으로 프레임에서 필요한 요소를 보충하기, 글자만 보고 대강 뜻을 짐작하거나 잘못 짚지 않기 등이 있다.

이 책은 문화어휘의 번역을 프레임이론에 접목시켜 프레임이

78 以面团皮包裹馅心后,放在汤水中煮熟,和汤同时食用。

론의 시각으로 문화어휘 번역의 핵심과 유형을 밝히고 목표 문화권에 원천프레임이 잘 반영되도록 문화어휘의 번역 전략과 방법을 제시하였다. 여기에는 몇 가지 의의도 있지만 한계도 있다.

본 연구의 의의는 무엇보다도 인지언어학의 프레임이론을 문화어휘 번역 연구에 접목시켜 문화어휘의 번역 전략을 다룬 데에서 찾을 수 있다. 프레임이론의 시각으로 문화어휘 번역에 대한 정의, 문화어휘 번역의 목적과 유형을 밝힌 것은 번역 연구의 새로운 경로를 탐색하는 한 방법이 되었다.

문화어휘는 일종의 인류 인지프레임 시스템의 언어적 구현이다. 문화어휘의 번역은 문화어휘가 살린 프레임에 대한 번역이고, 번역자가 목표텍스트에서 원천텍스트의 문화어휘가 부각시킨 프레임과 같거나 유사한 프레임을 활성화할 수 있도록 적당한 언어표현을 찾아내는 것을 목표로 하여야 한다. 이러한 연구는 번역자가 맹목적으로 번역 작업하는 것을 피하도록 번역의 목표를 명시화했다는 점에서 의미가 있다고 본다. 그리고 중·한 또는 한·중 문화어휘 번역의 유형을 크게 프레임 결핍과 프레임 요소의 차이로 분류하였는데 프레임 요소 차이의 유형에 대해서 더 세분화하는 연구는 향후 계속 이어가야 할 과제이다.

6. 맺음말

이 책에서 프레임이론을 근거로 원천프레임과 목표프레임의 구성요소를 분석한 것은 이 책에서 제안한 번역 전략에 대한 구체적인 실천 방안이며, 번역자를 위해 명시적으로 번역 방법을 제시해 준 것이라 할 수 있다. 하지만 프레임 구성요소 분석은 주관적 판단이 많이 들어가 있어 객관적 검증이 필요하다. 이것은 프레임이론 연구의 한계이기도 하다.

지금까지 한국어-중국어 번역이 양적으로 많았는데 번역 결과물에 대한 평가가 부족했다는 점에서 본 연구가 설문조사를 통해 번역물의 평가를 시도했다는 것은 유의미하다고 볼 수 있다. 연구에서는 중국의 독자를 대상으로 하여 설문조사를 벌인 결과 문화어휘 번역에 대한 평가로서 문화어휘의 번역에 일관성이 없다는 문제점, 언어표현이 정확하지 못하다는 점, 번역문이 난해하다는 점 등의 문제점이 도출되었으며 후속 연구를 위한 방향을 제시해 주었다. 한편 이 책에서는 문화어휘 번역의 중요성 및 체계적인 연구의 필요성을 밝혔다. 하지만 일반적인 문화어휘 번역 방법을 도출하기 위해 유형별로 균형 있게 문화어휘를 수집하지 못했고 필요한 더 많은 양의 코퍼스를 분석하지 못했다는 점은 이 책의 한계라 할 수 있다.

한편 그동안 문화어휘 번역에 대한 학자들의 연구는 주로 문학 분야에 집중되어 있었는데 이 책은 거기에서 더 나아가 비문학 분야로 번역물을 확대하였다는 점에서 의의를 가질 수 있다. 특히 국가에서 문화 홍보를 목표로 만든 홍보물의 문화어휘 번역 전략에 대한 논의는 향후 문화어휘 번역 연구에서 참조할 만한 제안이라고 생각된다.

이 책에서는 계간지 『Koreana』의 중국어판 등 해외 홍보물의 텍스트에서 나온 다양한 문화어휘를 뽑아서 정리하였는데 이는 학습자들에게 좋은 학습 자료가 될 것이다. 계간지에 나온 텍스트도 번역 교육 과정에서 훌륭한 자료로 활용될 수 있으며 이를 통해 학습자들에게 문화 교육의 중요성을 재고할 수 있다. 이 책에서는 2011년부터 2014년까지의 텍스트만 수집하여 정리하였는데 향후에 더 많은 분량의 텍스트를 선정하여 연구 자료를 보완할 계획이다. 또한 텍스트의 장르와 기능이 다소 다른데 이에 따라 각 텍스트에 나타난 문화어휘 번역 방법 역시 텍스트의 기능과 번역의 목적에 따라 다를 수도 있다는 점을 확인하였다. 하지만 그에 대한 사례 분석은 본 연구에서 충분히 다뤄지지 못하였다.

앞으로 후속 연구를 통해 번역 영역이 더 많이 발전하는 계기가 되었으면 좋겠다. 수많은 자료들 중에 문화어휘의 번역사례를 수집하고 분석한 본 연구가 향후 번역자들에게 참고 자료가 되고 번역 전략을 응용하는 데 도움이 되기를 기대한다.

참고문헌

강명윤(1998), 『촘스키 언어학 사전』, 한신문화사.

강수정(2010), 중한 번역에서 문화소의 부등성에 따른 번역 전략, 『번역학연구』, 11(4).

강영주(2010), 김동인의 『감자』에 나타난 문화소의 번역연구. 부산외국어대학교 통역번역대학원 석사학위논문.

강현화(2002), 한국어 문화어휘의 선정과 기술에 대한 연구, 『박영순 편, 21세기 한국어교육학의 현황과 과제』, 한국문화사.

곽순례(2014), 혼인 관련 '파트와'에 나타난 문화어휘 번역 방법 연구, 『아랍어와 아랍문학』, 제18집 2호, 1-25쪽

김근이수(2012), 한일 자막번역에서의 문화관련어휘 번역 전략에 대한 고찰, 부산외국어대학교 석사학위논문.

김도훈(2006), 문화소 번역에서의 인지적 축적물의 역할 및 번역 전략, 『국제회의 통역과 번역』, 8(2)

김재욱(1997), 인칭접미사 '-이'에 대하여, 『한국어문학연구』, 8, 127-149쪽.

김재욱(1998), 격조사의 기능과 典型性에 관한 연구, 『한국어문학연구』, 9, 343-360쪽.

김재욱(2000), 典型性에 따른 격조사의 비현실과 생략, 『한국어문학연구』, 11, 295-317쪽.

김재욱(2009), 국어교육: 외국 대학과 한국 대학의 한국어교육 전공 학과 교육과정 비교 연구, 『새국어교육』, 82, 73-93쪽.

김재희(2008), 문화 관련 어휘(Culture-bound terms) 번역 방법 연구 -코리아나 아랍어 번역텍스트 분석을 중심으로, 『통역과 번역』, 한국통역번역학회 10, 25-42쪽.

김재희(2010), 한국어-아랍어 광고 텍스트 번역 분석에 관한 연구, 韓國外國語大學校 通飜譯大學院 박사학위논문.

김준길(2010), 한국학의 국제적 소통에 관한 연구: 한국의 역사와 문화 관련 용어 및 개념의 영어 표현을 중심으로, 『국제한국학연구』, 4, 51-91쪽.

김진아(2010), 스코포스 이론으로 분석한 음식메뉴의 문제점과 그에 따른 번역 전략, 『중국학보』, 제62집.

김현정(2012), 가독성 재고의 관점에서 본 지자체 번역에 대한 고찰, 『일어일문학』, 53, 47-65쪽.

김효중(2004), 『새래운 번역을 위한 패러다임』, 서울, 푸른사상, 37-39쪽.

남철진(2013), 한국 신문에 나타난 문화소의 중국어 번역 고찰, 『통번역학연구』, 17, 173-199쪽.

담정유(2008), 한중어휘번역비교연구, 경희대학교 대학원, 석사학위논문.

라데군디스 슈톨체, 임우영외 옮김(2011), 『번역이론 입문』, 한국외국어대학교출판부.

박영준(2000), 한국어 숙달도 배양을 위한 문화적 어휘 표현의 교육, 『한국어교육』, 제11권 2호, 89-110쪽.

박정운(2000), Charles J. Fillmore: 틀 의미론, 이기동(편저), 『인지언어학』, 서울: 한국문화사, 63-82쪽.

박정윤(2013), 틀지식과 은유의 번역: 인지언어학적 접근,『통역과 번역』, 15, 31-62쪽.

심혜령(2009), 한국어 학습자를 위한 '문화기반어휘' 연구: 고유명사를 중심으로,『언어와 문화』제5권 제2호, 175-195쪽.

양창헌(2015), Gutt의 적합성 번역이론에 기반한 문화특정어 번역 연구, 동국대학교 박사학위논문.

안소영(2009), 문화 번역과 문화 관련 어휘, 부산대학교, 석사학위논문.

이근희(2008),『번역의 이론과 실제』, 서울, 한국문화사, 248쪽.

이동규(2005), 한국어 문화적 어휘 교육 연구,『새국어교육』71호, 263-284쪽, 이탁(李倬)(2009), <인민일보>에 나타난 한국 국가 이미지의 문화기호학적 분석, 경희대학교, 석사학위논문.

임지룡(2008),『의미의 인지언어학적 탐색』, 한국문화사, 17쪽.

張琦(2005), 中韓文化對比及韓訳中時文化因素的処理,『比較文化研究』, 9, 251-263쪽.

정예희(2007), 외국어로서의 한국어 교육용 한국문화상징 어휘 연구, 연세대학교 석사학위논문.

정인영(2011), 현대소설의 문화관련 어휘 번역 小考,『本文化學報』, 50, 215-233쪽.

정호정(2008),『(제대로 된) 통역·번역의 이해』, 서울, 한국문화사.

趙堈熙(2007), 일본어 번역 작품에 나타나는 한국 문화관련 어휘의 번역 실태와 문제점,『일어일문학』35, 153-166.

팽한예(2014), 莫言 소설《蛙》의 한국어본 어휘 번역 양상 연구, 영남대학교, 석사학위논문.

황지연(2007), 대장금 문화단어 번역의 고찰,『통번역학연구』, 10, 127-142쪽.

황지연(2008), 문화 간 커뮤니케이션을 위한 번역,『중국연구』, 제42권.

김혜림(2008), 『김혜림한중번역사전』, 중국세계도서출판사.
『두산세계백과사전』, 두산동아 백과사전연구소, 1997, 두산동아출판사.
『표준국어대사전』, 국립국어연구원. 1996.
『진명한중사전』, 1998, 진명출판사.
『한국민족문화대백과사전』, 한국정신연구원, 1997, 웅진출판주식회사.
Baker, M.(ed.)(1998), Routledge Encyclopedia of Translation Studies, London and New York: Routledge.
Baker, M(1992), 말 바꾸기, 관은주 외 공역, 서울 한국문화사.
Baldinger, K.(1980), Semantic Theory, Oxford: Basil Balckwell.
Barcelona, A.(2000), On the Plausibility of Claiming a Metonymic Motivation for Conceptual Metaphor, In A, Barcelona(ed), Metaphor and Metonymy at the Crossroads, Berlin/New York: Mouton de Gruyter, 31-58.
Barsalou, L. (1992a), Cognitive Psychology: An Overview for Cognitive Scientists, Hillsdale: Lawrence Erlbaum Associates.
Barsalou, L. (1992b), Frames, concepts, and conceptual fields, In Kittay, E. and Lehrer, A. (eds.), Hillsdale: Lawrence Erlbaum Associates, 21-74.
Barsalou, L.W., Yeh, W., Luka, B.J., Olseth, K.L., Mix, K.S., & Wu,L. (1993), Concepts and meaning. In K. Beals, G. Cooke, D. Kathman, K.E. McCullough, S. Kita,&ID. Testen (Eds.), Chicago Linguistics Society 29: Papers from the Parasession onlConceptual Representations, University of Chicago: Chicago Linguistics Society, 23-61.
Bassnett, S. (1990), Translation, History and Culture, London and New York: Pinter.

Bell, R. T. (1991), Translation and Translating: Theory and Practice, London and New York: Longman.

Boase-Beier, J. (2006), Stylistic Approaches to Translation, Manchester: St. Jerome Publishing.

Catford, J. C. (1965), A Linguistic Theory of Translation, London: Oxford University Press.

Christiane Nord (2006), 번역행위의 목적성, 한국외국어대학교 출판부.

Croft. W. & D. Cruse(2004), Cognitive Linguistics, Cambridge: Cambridge University Press.

Dam, V. H., J. Engberg & H. Gerzymisch-Arbogast(eds.)(2005), Knowledge Systems and Translation, Berlin: Mounton de Gruyter.

Dirven, R.(1985), Metaphor as a basic means for extending the lexicon, In Paprott W.& Dirven, R.(eds), 85-119.

Dirven. R. & M. Verspoor(1998), Cognitive Exploration of Language and Linguistics, Amsterdam: John Benjamins.

Evans, V. & M. Green(2006), Cognitive Linguistics: An Introduction, Edinburgh: Edinburgh University Press. 207-13.

Evans, V. & M. Green(2006), Cognitive Linguistics: An Introduction, Edinburgh: Edinburgh University Press. 215

Fillmore, C.(1975), An alternative to checklist theories of meaning, Proceedings of the First Annual Meeting of the Berkeley Linguistics Society, ed. 123-131.

Fillmore, C. (1976), Frame Semantics and the Nature of Language, In S. Hamad, H. Steklis & J. Lancaster (eds.) Origins and Evolution of Language and Speech, 160 New York: New York Academy of Sciences, 20-32.

Fillmore, C. (1977a), Scenes-and frames Semantics, In A. Zampolli (ed.), Linguistic Structure Processing, Amsterdam: North-Holland Publishing Company, 55-88.

Fillmore, C. (1977b), Topics in lexical semantics, In R. Cole (ed.), Current Issues in Linguistic Theory, Bloomington: Indiana University Press, 76-137.

Fillmore, C. (1978), On the Organization of Semantic Information in the Lexicon, In D. Farkas, W. Jacobsen & K. Todrys (eds.), Papers from The Parcisession on the Lexicon, Chicago: Chicago Linguistic Society, 148-173.

Fillmore, C. (1981), Ideal Readers and Real Readers, In D. Tannen (ed.). Georgetown University Round Table on Language and Linguistics. 248-70.

Fillmore, C. (1982), Frame semantics, In Yang, 1. (ed.), Frame semantics. Linguistics in the Morning Calm, Selected Papers from SICOL-1981, Seoul: Hanshin, 111-137.

Fillmore, C. (1985), Frames and the semantics of understanding, Quaderni di Semantics 6: 222-254.

Fillmore, C. J..& Atkins(1992), Toward a Frame based Lexicon, In Lehrer, A. & Kittay, E. (eds.), Frames, Fields, and Cntrasts, Hillsdale: Lawrence Erlaum Assoc, 75-102.

Fillmore, C. (2005), Frame Semantics. In A. Anderson, G. Hirst & J. Miller (eds.). Encyclopedia of Language and Linguistics, Vol. 4 (2nd edition). Amsterdam: Elsevier, 612-620.

Gutt, E.-A. (1991), Translation and Relevance: Cognition and Context, Oxford: Blackwell.

Gutt, E.-A. (1998), Pragmatic aspects of translation: some relevance-theory observations, In Leo Hickey(ed.), The Pragmatics of Translation, Clevedon: Multilingual Matters Ltd, 41-53.

HagforsI (2003), The Translation of Culture-Bound Elements into Finnish in the Post-War Period, Meta/48, 115-127.

Halliday. M. A. K. & R. Hasan(1985), Language, Context and Text: Aspects of Language in a Social-semiotics Perspective, Geelong: Denkin University Press.

Jackendoff. R.(1990), Semantic Structure, Cambridge, MA: MIT Press.

Jackendoff. R.(1993), Semantic and Cognition, Cambridge, MA: MIT Press.

Jeremy, Munday. 정연일 남원순 옮김(2006), 번역학 입문, 한국외국어대학교출판부.

Keil, F.C. (1979), Semantic and Conceptual Development: An Ontological Perpsective, Cambridge, MA: Harvard University Press.

Keil, F.C. (1981), Constraints on knowledge and cognitive development, Psychologocal Review 88: 197: 227.

Koller, W (1987), 박용삼 역, 번역학이란 무엇인가, 숭실대학교.

Kronenfeld. B.(2005), Culture, cultural models, and the division of labor, Cybernetics and Systems, (8): 817-845.

Kussmaul, P.(2005), Translation through visualization, Meta 50:378-391.

Lakoff. G. & M. Johnson(1980), Metaphors We Live By, Chicago: The University of Chicago Press.

Lakoff. G.(1984), Classifiers as a Reflection of Mind: A Cognitive Model Approach to Prototype Theory. Berkeley Cognitive Science Report No, 19[C], Berkeley: University of California Institute of

Human learning.

Lakoff. G.(1987), Woman, Fire, and Dangerous Things, Chicago: University of Chicago Press,

Lakoff. G. & M. Johnson(1999), Philosophy in the Flesh: The Embodied Mind and its Challenge to Western Thought, New York: Basic Books.

Langacker, R. (1987), Foundations of Cognitive Grammar, Volume, Stanford: Stanford University Press.

Levinson, S. (1983), Pragmatics, Cambridge: Cambridge University Press.

Minsky. M. (1975), A framework for representing knowledge, In P. Winston(ed.), The psychology of computer vision, New York: Mc Graw-Hill.

Munday, J (2008), Introducing translation studies, New York: Routledge.

Neubert, A.& G. Shreve. (1992), Translation as Text, Kent: The Kent State University Press.

Neuorientierung. Zur Integrierung von Theorie und Praxis: Tubingen: Francke, 184-205.

Newman, Aryeh. (1994), Translation equivalence: Nature, In R. E. Asher and J. M. Y. Simpson(eds.) The Encyclopedia of Language and Linguistics, Oxford and New York: Pergamon Press.

Newmark. P.(1981), Approacher to Translation, Oxford: Pergamon Press Ltd.

Newmark, P. (1984), Approacher to Translation, London: Pergamon Press.

Newmark. P.(1988), A Text book of Translation, New York: Prentice Hall, 94-95.

Nida, E. A. (1964), Toward a Science of Translating, Leiden: E. J. Brill,

167.

Nida, E. A. & C. R. Taber(1982), The Theory and Practice of Translation, Leiden: E. J. Brill.

Nida, E. A.(1993), Language, Culture and Translating, Shanghai: Shanghai Foreign Language Education Press.

Nord, C. (1991), Text Analysis in Translation, Amsterdam and Atlanta: Rodopi.

Nord, Christiane(1997), Translating as a purposeful activity, St. Jerome Pub.

Reiss, (1977/1989), Text types, translation types and translation assessment, Translated by A. Chesterman, in A. Chesterman(ed.) 1989. Reading in Translation Theory, Helsinki: Finn Lectura, 105-115.

Reiss & Vermeer (1984), Groundwork for a General Theory of translation, Heideberg: Heideberg University.

Reiss, Katharina (2010), 일반 통번역 이론 기초, 한국외국어대학교 출판부.

Rojo, A. & J. Valenzuela.(1998), Frame Semantics and lexical translation: The risk frame and its translation, Babel 44: 128-138.

Rojo, A. (2001), How to say things with words: Ways of saying in English and Spanish, Meta 46: 467-477.

Rojo, A. (2002a), Applying Frame Semantics to translation: A practical example, Meta 47: 311-350.

Rojo, A. (2002b), Frame Semantics and the translation of humor, Babel 48: 34-77.

Rojo, A. (2009), A cognitive approach to the translation of metonymy-based humor, Across Languages and Cultures 10: 63-83.

Snell-HornbyM (2006), The Turns of Translation Studies, Benjamins

Translation Library 66, ALL, JOHN BENJAMINS B.V.
Snell-Hornby, Mary (1988), Translation studies, J. Benjamins Pub. Co.
Stolze, Radegundis (2011), 번역이론 입문, 한국외국어대학교출판부.
Vannerem, Mia Mary Snell-Hornby. (1986), Die Szene hinter dem Text: schenes-and-frames.
Venuti, L. (ed.). (2000), The Translation Studies Reader, London and New York: Routledge.
Venuti. L. (1995), The Translator's Invisibility, London/New York: Routledge.
陈建民(1989), 语言文化社会新探[M], 上海:上海教育出版社.
陈靖, 汪颖(2012),《老友记》汉语字幕中文化词语的幽默翻译方法[J], 电影文学, 06:168-169.
陈隽(2008), 动态对等与汉语文化词语的翻译[J], 湖南科技学院学报, 01:159-161.
常敬宇(1995), 汉语词汇与文化[M], 北京:北京大学出版社, 7-12.
成善祯(2003), 框架语义信息与语用等效[J], 苏州大学学报, 04:72-74.
甘源(2004), 境外资本在中国的融入度分析报告[J], 珠江经济, 09:49-51.
高捷(2011), 从Nida的功能对等理论看中国民俗词语的翻译[D], 西安电子科技大学.
洪晓静(2008), 从文化词语看文化因素对母语为英语的汉语学习者之影响[D], 厦门大学.
胡双全(2009),《红楼梦》杨译本中文化词语的翻译研究[D], 湖北工业大学.
胡兆云(2005), 中英美四大政法文化词语系统与对应翻译策略[J], 外语与外语教学, 09:43-46.
黄建凤, 冯家佳(2007), 纽马克翻译理论与汉语文化负载词的翻译[J], 东南亚纵横, 07:109-111.

黄友义(2005), 从翻译工作者的权利到外宣翻译——在首届全国公示语翻译大会上的讲话[J], 中国翻译，6：31-33.

黄友义(2004), 发展翻译事业，促进世界多元化的交流与繁荣[J], 中国翻译, 4：6-9

黄友义(2004), 坚持“外宣三贴近”原则，处理好外宣翻译中的难点问题[J], 中国翻译，6：24, 27-28

贾淑华(2010), 文化词的分类及其词典释义中的翻译原则[J], 牡丹江大学学报, 06:46-48.

蒋红红(2004), 跨文化视角中的中国民俗文化词语汉英翻译研究[D], 福建师范大学

蒋伟平(2008), 接受美学视角下文化词语的翻译[J], 湖南科技学院学报, 07:71-73.

李国林(1997), 汉译外:传播中国文化的媒介——浅谈杨译《儒林外史》英文本对文化词语的翻译[J], 中国翻译, 02:35-37.

李仕春(2014), 中国文化词语教学要略[M]，科学出版社

李玉君(2002), 文化词语的翻译[J], 南昌航空工业学院学报(社会科学版), 04:90-92.

廖七一(2002), 当代西方翻译理论探索[M], 南京: 译林出版社, 232.

刘伟静(2013), 从归化与异化的角度看日语中含文化色彩词语的翻译[D],黑龙江大学.

栾晓虹(2000), 文化词语及其翻译[J], 安徽广播电视大学学报, 04:72-76.

潘克栋,曾剑平(2009), 文化词语的异化翻译[J], 江西社会科学, 09:237-240.

彭春霞,曾剑平(2004), 论文化差异对语言可译性的制约作用和文化词语的翻译[J], 新余高专学报, 04:80-82.

邱倩(2013), 从归化与异化的视角浅谈《古都》中文化词语的汉译——以侍桁汉译本为例[J], 现代语文(语言研究版), 12:147-149.

邱文生(2004), 文化词语翻译的意象构建[J], 廊坊师范学院学报, 03:16-20.
申宏磊(2004), .向世界“说明中国”以艺术的、文化的方式向世界说明中国——访国务院新闻办主任赵启正[J], 对外大传播, 02:4-8.
束定芳(2008), 认知语义学[M], 上海外语教育出版社, 78.
孙帮根(2013),《骆驼祥子》英译本中老北京方言文化词语的翻译[J], 芒种, 07:49-50.
谭兴,谈宏慧(2008),《色·戒》英文字幕中麻将文化词语的翻译[J],电影文学, 22:137-138.
谭兴,谈宏慧(2008),《越狱》中文化词语的翻译策略[J], 电影评介, 06:68-69.
陶振孝(2006), 翻译过程中文化词语的选择——以《雪国》的译本为例[J], 日语学习与研究, 01:28-33.
汪华(2003), 浅谈文化词语的直译与意译[J], 南昌航空工业学院学报(社会科学版), 01:98-100.
汪立荣(2005), 从框架理论看翻译[J], 中国翻译, 03:27-32.
王婵(2010),《满城尽带黄金甲》英文字幕中文化词语的翻译研究[J], 湖北师范学院学报(哲学社会科学版), 04:133-136.
王德春(1999). 一门新的语言学分科——国俗语义学略论[M], 上海:上海外语教育出版社, 1-30.
王海平(2010), “文化词语”和“国俗词语”的概念及其翻译[J], 天水师范学院学报, 06:73-75.
王焕池(2004), 论《浮生六记》英译本中特定文化词语的翻译[D], 四川师范大学.
王祥兵(2002), 论《时代》周刊中国报道文章对汉语文化词语的翻译[J], 上海科技翻译, 02:19-22.
王晓静(2014),《中国审美文化简史》文化词语英译分析[D], 鲁东大学.

魏清光,瞿宗德(2008), 语义、框架与翻译教学[J], 河北师范大学学报(教育科学版), 12:103-107.

魏清光(2009), 认知框架理论与商务翻译[J], 商场现代化, 30:47-49.

肖菲(2002), 浅谈《红楼梦》两个英译本对文化词语的翻译[J], 华中师范大学学报(人文社会科学版), 03:139-142.

肖开容(2012), 翻译中的框架操作[D], 西南大学.

谢熠焓(2007), 浅谈汉语文化词语的翻译失误[J], 佳木斯教育学院学报, 09:110.

徐慧(2007), 从认知图式理论看文化词语的翻译[J], 淮北煤炭师范学院学报(哲学社会科学版), 01:104-105.

徐建国(2005),《浮生六记》林译本文化词语的翻译研究[D], 安徽师范大学.

徐亚丽(2007), 文化词语的翻译策略[J], 河南工业大学学报(社会科学版), 01:80-82.

许晖(2002), 文化词语的翻译[J], 郑州轻工业学院学报(社会科学版), 03:78-80.

姚琴(2007), 框架理论与等值翻译——认知语言学视角下的翻译[J], 重庆交通大学学报(社会科学版), 05:127-131.

姚艳波(2005), 论文化图式和英语文化词语的翻译[J], 浙江海洋学院学报(人文科学版), 02:56-59+110.

束定芳(2008),《认知语义学》[M], 上海外语教育出版社, 78.

尹周红(2005), 文学翻译中的归化和异化[D], 合肥工业大学.

俞德海(2006), 从动态对等的视角看文化词语的翻译[J], 宁德师专学报(哲学社会科学版), 04:65-67.

俞晶荷(2005), 框架语义研究与翻译[D], 上海外国语大学.

张琳琳(2014), 中国文化词语的异化翻译策略[J], 河南财政税务高等专科学校学报, 03:90-92.

张全,陈传礼(2004), 中国英语与汉语文化词语的异化翻译[J], 红河学院学报, 01:52-55.

张再红(2009), 词汇文化语义的认知研究[D], 西南大学.

周梁勋(2011), 字幕翻译中的文化词语翻译策略[J], 怀化学院学报, 01:103-104.

周文蕴(2009), 从文化因素冲突模式看华译《史记》对文化词语的翻译[J], 福建商业高等专科学校学报, 02:98-102.

周颖(2008), 框架理论下的隐喻翻译[J], 外国语言文学, 02:117-120.

朱讴霞,钟守满(2011), 框架理论在翻译研究中的应用[J], 宜春学院学报, 06:148-150.

朱天文(2002), 翻译策略与翻译方法——评美国新闻期刊对汉语文化词语的翻译[A], 福建省外国语文学会, 福建省外国语文学会2002年会论文集[C], 福建省外国语文学会, 5.

曾利沙(2007), 从对外宣传翻译原则范畴化看语用翻译系统理论建构[J], 外语与外语教学 , 7:44-46.

曾奇(2001), 从文化翻译观来看汉语习语的英译[J], 湖北民族学院学报(哲学社会科学版), 03:70-73.

楊昭全(1992), 中朝关系简史[M], 辽宁民族出版社, 259-263

『汉典』http://www.zdic.net/

『코리아나』http://www.koreana.or.kr/index.asp?lang=ko

『韩国文化指南』(2009)(전자책)

『韩国的昨天与今天』(2013)(전자책)

부록 1

调查问卷

尊敬的女士、先生：

您好！近年来随着中韩两国交流日渐频繁，韩国文化开始悄无声息地走进我们生活，很多熟悉又陌生的韩国词语也加入了我们的语言。明洞、东大门、紫菜包饭等等，我们称之为文化词语。在这些词语中还有一些翻译过来的词语可能是你似懂非懂的，为了对这些词语的翻译进行细致的研究，希望通过此次调查了解您的接受和理解程度。问卷调查仅用于论文写作的资料收集、和数据分析。

1、您对韩国的文化感兴趣吗？（　　）

A. 非常　　　　B. 一般　　　　C. 不感兴趣

2、您对韩国文化的哪一方面感兴趣？(可以多选)（　　）

A. 旅游

B. 韩国的语言、文字

C. 韩国的科技、电子产品

D. 韩国的传统艺术

E. 韩国的饮食

F. 韩国的音乐和舞蹈

G. 韩国人的生活方式

H. 韩国的电影、电视剧

I. 韩国的体育以及体育明星

J. 其他

3、您学习过韩国语吗？ 如果学习过学了多长时间？（　　）

A. 学过两年以下　　B. 学过两年以上　　C. 没学过

4、您的年龄（　　）

A. 20岁以下　　B. 20-30岁　　C. 30-40岁

D. 40-50岁　　E. 50岁以上

**下面是一些包含文化词语的译文，请根据您的感受做出相应的选择。

5、

原文：하이엔드 패션거리/도산공원과 청담동

译文：高级时尚街：岛山公园和清潭洞

——〈하이엔드 패션거리/도산공원과 청담동〉(2012冬)

(1) 您读完译文的感受是。( )

A. 前后矛盾，岛山公园和清潭洞不是时尚街。

B. 部分矛盾，岛山公园不是时尚街。

C. 译文没有不妥之处。

(2) 您认为“文鹤洞(문학동)(2014春)东崇洞(동숭동)(2013年春)”是？

( )

A. 旅游景点　　B. 街道的名称　　C. 不知道

6、

原文：충남 공주시 사곡면 운암리 마곡사

译文：忠清南道公州市寺谷面云岩里麻谷寺

——<절집, '나'를 찾는 사람들의 수행 공간>(2013夏)

您读完译文的感受是(　　)。

A. 说的是麻谷寺的具体地址。

B. 说的是寺谷面、云岩里、麻谷寺这三个地方。

C. 不明白是什么意思。

7、

原文：김극천 씨의 아버지 김덕룡(金德龍) 또한 은빛 찬란한 통영 백동장석의 견고하고도 화려한 문양을 살린 탁월한 장석 제작 솜씨로 명가의 이름을 높였다고 한다.

译文：金克千的父亲金德龙也是一位出众的饰件制作工匠，他恢复了统营白铜饰件坚固而华丽的造型图案，以非凡的饰件制作手艺提升了饰件名家的声誉。

——<통영 백동장석의 명가> (2012冬)

您读完译文的感受是(　　)。

A. “统营白铜饰件”是一个词。

B. “统营白铜饰件”的意思是“统营地区的白铜饰件”。

C. 不明白“统营白铜饰件”的意思。

8、

原文：공원의 다른 편에는 흰색 돔이 인상적인 국회의사당이 있다. 1975년부터 한국의 국회가 들어선 곳이다.

译文：公园的另一边是白色半圆型建筑物——国会议事堂，令人印象深刻。 1975年，韩国国会入驻这里。

——<당신이 봐야 할 진짜 강남(여의도)>(2013春)

你认为译文中的“国会议事堂”改为“国会大楼”是否更恰当？(　　)。

A. 是。

B. 不是。

C. 无法判断。

9、

原文：도심에 집이 있거나 이러한 경치를 만드는 데 한계가 있을 경우에는 산수화를 그려 벽에 걸어 놓거나 괴석(怪石) 등으로 꾸민 석가산과 연못을 마당 한쪽에 조성하기도 한다.

译文：在城市里建造房屋或进行这种造景受到限制的时候，会在墙上挂山水画，在院子的一边用怪石堆砌石假山或者挖建一个池塘。

——<마당과 정원>(2013秋)

你认为译文中的“石假山”改为“假山”是否更恰当？(　　)。

A. 是。

B. 不是。

C. 无法判断。

10、

原文：요즘 사람들이 흔히 고급 한국음식이라고 생각하는 한정식도 옛날 반가의 상차림과는 거리가 멀다.

译文：今天大多数人认为韩定食是高级韩国传统饮食，但其实韩定食还是与古时候两班贵族家里的饮食相差很大。

——<음식과 전통>(2012秋)

下面关于上文提到的“韩定食(한정식)”的描述您认为正确的是？( )

A. 韩定食与拌饭、酱汤等类似，是韩国料理中的一种。

B. 韩国人通常用韩定食来招待尊贵的客人。

C. 不清楚。

11、

原文：국물이 있는 안주의 대표는 술국이다. 설렁탕, 순댓국, 해장국 같은 국밥을 파는 집이라면 어디서나 주문할 수 있는 안주로, 흔히 '소주의 친구'라고 부른다.

译文：最具代表性的佐酒汤菜是下酒汤。 先农汤、血肠汤、醒酒汤等是在任何卖汤泡饭的小店里都可以吃到的佐酒汤菜，它们通常被称为“烧酒之友”。

——<소주 안주> (2013冬)

你知道“先农汤(설렁탕)”是一种什么样的汤吗？( )

A. 不清楚

B. 牛杂汤

C. 蔬菜汤

12、

原文：봄철에는 쑥, 냉이와 같은 산채를 넣고 끓이는 토장국을, 여름철에는 오이냉국, 미역냉국, 깻국, 영계백숙, 추어탕을 가을철에는 토란국, 송이탕, 배춧국을, 겨울철에는 곰국, 선짓국, 떡국, 만둣국 등을 먹는다.

译文：春天，可以做放入艾草和荠菜等野菜做成的酱汤；夏天，可以做黄瓜冷汤、裙带菜冷汤、苏子冷汤、清炖子鸡汤、泥鳅汤；秋天，可以做芋头汤、松茸蛋汤、白菜汤；冬天，可以做高汤、血豆腐汤、年糕汤和饺子汤等。

——<쇠고기 미역국과 쇠고기 무국> (2012冬)

下面关于上文提到的“饺子汤(만둣국)”的描述您认为正确的是？（ ）

A. 煮饺子剩下的汤

B. 类似“馄饨”的食物

C. 不知道

13、

原文：이곳에서는 실로 짠 비니를 눈 위에까지 푹 눌러쓴 어린 남학생들과 닥터 마틴 부츠를 질질 끌고 다니는 여학생들이 뿔뿔이 흩어져서 지하철역으로 걸어가는 모습을 볼 수 있다.

译文：在这里能看到一些年纪不大的学生，男生们戴着针织无檐小便帽，帽子戴得很低，几乎快挡住了眼睛；女生们拖拉着“马丁大夫”靴子，三三两两散乱地向地铁站走去。

——<서울 스타일>(2012冬)

你认为译文中的“马丁大夫靴子”改为“马丁靴”是否更恰当？（　）。

A. 是。

B. 不是。

C. 无法判断。

14、

原文：홍대 음악은 한류로 외국에 잘 알려진 케이팝과 같이 조심스레 기획된 음악세계와 정반대의 위치에 놓여있다.

译文：弘大的音乐与那些精心编排、风行全球的韩国流行音乐(K-POP)截然相反。

——<당신이 봐야 할 진짜 강남(홍대)>(2013春)

您认为“弘大的音乐(홍대 음악)”是指（　　）？

A.“弘大的音乐”是指“有气势的音乐”。

B.“弘大的音乐”是指“弘大这里创作出来的音乐”。

C. 读不懂。

15、

原文：“만원짜리 옷 장사로 떼돈을 벌었다”는 ‘4억 소녀’처럼 ‘소녀 갑부’ 열풍을 불러왔던 쇼핑몰들이 앞다퉈 중국, 일본, 미국에 법인을 세웠다.

译文：这些网站培养出了一系“少女富翁”，比如以卖单价一万韩元的衣服而发家的“四亿少女”等等，掀起了年轻女性上网开店的风潮，并竞相在中国、日本、美国等地设立了海外法人。

——<새로운 동반자, 인터넷 쇼핑몰>(2012冬)

你感觉“少女富翁”和“少女富婆”哪个更贴切（　　）?

A. 少女富翁

B. 少女富婆

C. 不清楚

16、

原文：그와 같은 생활 형태가 혹시 프랑스의 아리안 무뉘시킨(Arian Mnouchkine) 이 주도하는 태양극단에서 힌트를 받지 않았는지를 묻자, 그는 강하게 부정한다. 태양극단은 함께 숙식을 하지 않을뿐더러 재야극단이라기보다는 정부로부터 막대한 지원을 받는 특수 엘리트 집단으로서, 일종의 문화권력이라는 것이다.

译文：当被问到这种生活方式是否从法国姆努什金导演的阳光剧团获得了灵感时，李润泽坚决否认，指出太阳剧团既不共同起居，也不是在野的民间剧团，而是获得了大量政府资助的特殊精英团体，属于一种文化权力机构。

——<‘문화게릴라’ 이윤택(李潤澤 Lee Youn -taek)> (2012冬)

你认为译文中的“在野的民间剧团”改为“草根剧团”是否更恰当？（　　）。

A. 是。

B. 不是。

C. 无法判断。

17、

原文：식사용 국밥에는 국물에 밥을 말아 내주는데 술국을 주문하면 밥 대신에 선지, 내장, 썬 고기 등 국 건더기를 넉넉하게 담아 내준다. 이 술국 한 그릇이면 한국의 주당들은 소주 몇 병쯤은 쉽게 해치운다.

译文：汤泡饭里放的是饭，而下酒汤里放的则是血豆腐、内脏和肉片等。 一碗下酒汤足以让酒客饮掉几瓶烧酒。

——<소주 안주> (2013冬)

下面关于上文提到的“汤泡饭(국밥)”的描述您认为正确的是？(多选)（　　）

A. 一种韩式料理。

B. 比较有营养。

C. 一种吃饭的方式，即把饭泡在汤里吃。

D. 不利于消化，不是健康的饮食。

E. 不清楚

18、

原文：소고기나 돼지고기를 삶은 수육 은 대표적인 소주용 진안주로, 잔칫집이나 상가의 손님접대 술상에서 빠지지 않는다.

译文：最具代表性的佐酒蒸菜是熟牛猪肉，这道菜肴是筵席或丧家酒席上必备的佐酒菜。

——<소주 안주>(2013冬)

你感觉“熟牛猪肉”和“熟食”哪个更贴切？（　　）

A. 熟食

B. 熟牛猪肉

C. 不清楚

19、

原文：'판소리는 너무 좋은데 언제까지나 20세기 이전의 음악만을 할 수 없지 않겠냐'고 말하는 이자람은

译文：李紫蓝曾经公开表示：“我十分热爱盘瑟俚艺术，但也不能为了保持其纯粹性，就一直只演唱20世纪以前的传统曲目”。

——<세계유산이 된 한국의 인간문화재들>(2012秋)

下面关于上文提到的“盘瑟俚(판소리)”的描述您认为正确的是？（　　）

A. 盘瑟俚是一种说唱表演。

B. 盘瑟俚是一种舞蹈形式。

C. 完全不清楚。

20、

原文：그리고 오늘날 명동은 자라와 H&M과 같은 해외 브랜드와 에잇 세컨즈 같은 국내 브랜드는 물론 제품 제작과 소비자 반응 주기가 훨씬 더 빠른 이름 없는 동대문 시장제품으로 대표되는 패스트 패션의 메카로 자리매김하고 있다.

译文：今天，明洞不仅有飒拉、H&M等外国品牌和8Seconds等国内品牌，并且这里正在成为以不知名的东大门市场产品为代表的快速时尚圣地，这些快速时尚商品的制作和消费者反应周期更加快捷。

——<명동 중심가의 변모>(2012겨울)

译文中的"飒拉"是否让您想起"ZARA"这个品牌？（　　）

A. 是

B. 否

21、

(1) 您知道"잡채(杂菜、什锦菜)"吗？（　　）

A. 知道(请看(2)题)

B. 不了解(请看(3)题)

(2) 如果知道，请从以下的几种译文中选择您认为恰当的一个。

（　　）

A. 什锦菜(2010冬)

B. 杂菜(2013夏)

C. 不清楚

(3) 如果不知道，根据它的译文“杂菜、什锦菜”，您认为“잡채”是一种什么样的食物？(　　)

A. 多种蔬菜做成的菜肴

B. 香菇、菠菜、胡萝卜、牛肉和粉丝做成的菜肴

C. 不清楚

22、

(1) 您知道“식혜(米酒、酒酿、甜米水……)”吗？(　　)

A. 知道(请看(2)题)

B. 不了解(请看(3)题)

(2) 如果知道，请从以下的几种译文中选择您认为恰当的一个。(　　)

A. 米酒(2014夏)

B. 甜米水(2013冬)

C. 酒酿(2010春)

D. 蜜糯汤 (2008春)

E. 甜米露(Naver韩中辞典)

F. 都不合适

(3) 如果不知道，根据它的译文“米酒、酒酿、甜米水、蜜糯汤、甜米露”，您认为“식혜”是一种什么样的食物？(　　)

A. 饮料

B. 酒

C. 不清楚

23、

(1) 您知道“육개장(牛肉汤)”吗？(　　)

A. 知道(请看(2)题)

B. 不了解(请看(3)题)

(2) 如果知道，请从以下的几种译文中选择您认为恰当的一个。(　　)

A. 牛肉汤(2014夏、2010夏)

B. 辣肉汤 (2011冬)

C. 细丝牛肉汤(金慧林韩汉翻译词典 53页)

D. 都不合适

(3) 如果不知道，根据它的译文“牛肉汤、辣肉汤”，您认为“육개장”是什么样的食物？(　　)

A. 牛肉做的汤，味道是咸的。

B. 肉做的汤，味道是辣的。

C. 牛肉做的汤，味道是辣的。

D. 不清楚

24、

(1) 您知道韩国的“고무신(胶鞋)”吗？(　　)

A. 知道(请看(2)题)

B. 不了解(请看(3)题)

(2) 如果知道，请从以下的几种译文中选择您认为恰当的一个。(　　)

A. 胶鞋 (2013夏2009冬2006夏)

B. 皮鞋(2012冬)

C. 钩头胶鞋(金慧林韩汉翻译词典 51页)

D. 都不合适

(3) 如果不知道，根据它的译文“胶鞋”，您认为“고무신”是一种什么样的鞋？(　　)(可多选)

A. 运动鞋

B. 雨鞋

C. 穿韩服时穿的鞋

D. 日常的便鞋

E. 不清楚

부록 2

설문조사

존경하는 신사 숙녀 여러분:

안녕하십니까! 최근 들어 한중 교류가 점점 늘어남에 따라 한국문화가 소리 없이 우리 생활에 들어오게 되었습니다. 친숙하면서도 낯선 한국 단어도 우리의 언어에 들어오게 되었습니다. 명동, 동대문, 김밥 등을 우리는 문화 단어라고 합니다. 이러한 단어들의 번역어에 대해서는 아리송할 때도 있을 것입니다. 이러한 단어의 섬세한 번역을 위해 이번 조사를 통해 당신의 수용과 이해도를 알 수 있기를 바랍니다. 설문조사는 논문 작성을 위한 자료 수집과 데이터 분석에만 사용됩니다.

1. 한국의 문화에 관심이 있습니까? (   )

A. 매우　　B. 일반　　C. 관심 없음

2. 한국 문화의 어느 방면에 관심이 있습니까?

(   ) (복수 선택 가능)

A. 여행

B. 한국의 언어, 문자

C. 한국의 과학기술, 전자제품

D. 한국의 전통예술

E. 한국의 음식

F. 한국의 음악과 춤

G. 한국인의 생활방식

H. 한국의 영화, 드라마

I. 한국의 스포츠 및 스포츠 스타

J. 기타

3. 한국어를 배운 적이 있습니까? 얼마동안 배우셨습니까? (   )

A. 2년 이하　　B. 2년 이상　　C. 배운 적이 없다.

4. 당신의 나이는 어떻게 되십니까? (   )

A. 20세 이하　　B. 20-30세　　C. 30-40세

D. 40-50세　　E. 50세 이하

** 다음은 문화 단어를 포함한 번역문입니다. 당신의 생각에 따라 해당하는 부분을 선택하시기 바랍니다.

5.

原文: 하이엔드 패션거리/도산공원과 청담동

译文: 高级时尚街:岛山公园和清潭洞

——<하이엔드 패션거리/도산공원과 청담동>(2012冬)

(1) 번역문을 읽고 느낀 점은 무엇입니까? (　　)

A. 앞뒤 문장 모두 모순된다. 도산공원과 청담동은 패션거리가 아니다.

B. 일부가 모순된다. 도산공원은 패션거리가 아니나.

C. 번역문은 틀린 곳이 없다.

(2) "文鹤洞(문학동)(2014봄)东崇洞(동숭동)(2013년 봄)"은 무엇이라고 생각하십니까? (　　)

A. 관광명소　　B.거리 명칭　　C. 모름

6.

原文: 충남 공주시 사곡면 운암리 마곡사

译文: 忠清南道公州市寺谷面云岩里麻谷寺

——<절집, '나'를 찾는 사람들의 수행 공간>(2013夏)

번역문을 읽고 느낀 점은 무엇입니까? (　　)

A. 월정사(麻谷寺)의 구체적인 주소를 뜻한다.

B. 사곡면(寺谷面), 운암리(云岩里), 마곡사(麻谷寺) 3곳을 뜻한다.

C. 잘 모르겠다.

7.

原文: 김극천 씨의 아버지 김덕룡(金德龍) 또한 은빛 찬란한 통영 백동 장석의 견고하고도 화려한 문양을 살린 탁월한 장석 제작 솜씨로 명가의 이름을 높였다고 한다.

译文: 金克千的父亲金德龙也是一位出众的饰件制作工匠，他恢复了统营白铜饰件坚固而华丽的造型图案，以非凡的饰件制作手艺提升了饰件名家的声誉。

——<통영 백동장석의 명가> (2012冬)

번역문을 읽고 느낀 점은 무엇입니까? (　　)

A. "统营白铜饰件"은 한 단어이다.

B. "统营白铜饰件"의 의미는 "통영 지역의 백동 장석"이다.

C. "统营白铜饰件"의 의미를 모른다.

8.

原文: 공원의 다른 편에는 흰색 돔이 인상적인 국회의사당이 있다. 1975년부터 한국의 국회가 들어선 곳이다.

译文: 公园的另一边是白色半圆型建筑物——国会议事堂，令人印象深刻。 1975年，韩国国会入驻这里。

——<당신이 봐야 할 진짜 강남(여의도)>(2013春)

번역문에서 "国会议事堂"을 "国会大楼"로 수정하는 것이 적절하다고 보는가? (　　)

A. 네.

B. 아니요.

C. 잘 모르겠다.

9.

原文: 도심에 집이 있거나 이러한 경치를 만드는 데 한계가 있을 경우에는 산수화를 그려 벽에 걸어 놓거나 괴석(怪石) 등으로 꾸민 석가산과 연못을 마당 한쪽에 조성하기도 한다.

译文: 在城市里建造房屋或进行这种造景受到限制的时候，会在墙上挂山水画，在院子的一边用怪石堆砌石假山或者挖建一个池塘。

——〈마당과 정원〉(2013秋)

번역문에서 "石假山"을 "假山"으로 수정하는 것이 적절하다고 보는가? (　　)

A. 네.

B. 아니요.

C. 잘 모르겠다.

10.

原文: 요즘 사람들이 흔히 고급 한국음식이라고 생각하는 한정식도 옛날 반가의 상차림과는 거리가 멀다.

译文: 今天大多数人认为韩定食是高级韩国传统饮食， 但其实韩定食还是与古时候两班贵族家里的饮食相差很大。

——<음식과 전통>(2012秋)

위에서 언급된 "韩定食(한정식)"에 대한 묘사가 맞다고 생각하는 것을 고르시오. (　　)

A. 한정식은 비빔밥, 된장국 등과 해당하며, 한국 요리 중의 하나이다.

B. 한국인이 일반적으로 먹는 한정식으로 귀한 손님을 대접하는 것이다.

C. 잘 모른다.

11.

原文: 국물이 있는 안주의 대표는 술국이다. 설렁탕, 순댓국, 해장국 같은 국밥을 파는 집이라면 어디서나 주문할 수 있는 안주로, 흔히들 '소주의 친구'라고 부른다.

译文：最具代表性的佐酒汤菜是下酒汤。先农汤、血肠汤、醒酒汤等是在任何卖汤泡饭的小店里都可以吃到的佐酒汤菜，它们通常被称为"烧酒之友"。

——<소주 안주> (2013冬)

"先农汤(설렁탕)"은 어떤 음식인지 고르시오. (　　)

A. 잘 모른다.　　B. 설렁탕(牛杂汤)　　C. 야채탕(蔬菜汤)

12.

原文: 봄철에는 쑥, 냉이와 같은 산채를 넣고 끓이는 토장국을, 여름철에는 오이냉국, 미역냉국, 깻국, 영계백숙, 추어탕을 먹으며 가을철에는 토란국, 송이탕, 배춧국을, 겨울철에는 곰국, 선짓국, 떡국, 만둣국 등을 먹는다.

译文: 春天，可以做放入艾草和荠菜等野菜做成的酱汤；夏天，可以做黄瓜冷汤、裙带菜冷汤、苏子冷汤、清炖子鸡汤、泥鳅汤；秋天，可以做芋头汤、松茸蛋汤、白菜汤；冬天，可以做高汤、血豆腐汤、年糕汤和饺子汤等。

——<쇠고기 미역국과 쇠고기 무국> (2012冬)

위에서 언급된 "饺子汤(만둣국)"에 대한 묘사가 맞다고 생각하는 것을 고르시오. (　　)

A. 만두를 삶고 남은 탕

B. "훈툰(馄饨)"과 유사한 음식물

C. 잘 모른다.

13.

原文: 이곳에서는 실로 짠 비니를 눈 위에까지 푹 눌러쓴 어린 남학생들과 닥터 마틴 부츠를 질질 끌고 다니는 여학생들이 뿔뿔이 흩어져서 지하철역으로 걸어가는 모습을 볼 수 있다.

译文: 在这里能看到一些年纪不大的学生，男生们戴着针织无檐小便帽，帽子戴得很低，几乎快挡住了眼睛；女生们拖拉着"马丁大夫"靴子，三三两两散乱地向地铁站走去。

——<서울 스타일>(2012冬)

번역문에서 "马丁大夫靴子"을 "马丁靴"으로 수정하는 것이 적절하다고 봅니까? (　　)

A. 네.　　　B. 아니요.　　　C. 잘 모르겠다.

14.

原文: 홍대 음악은 한류로 외국에 잘 알려진 케이팝과 같이 조심스레 기획된 음악세계와 정반대의 위치에 놓여있다.

译文: 弘大的音乐与那些精心编排、风行全球的韩国流行音乐(K－POP)截然相反。

——<당신이 봐야 할 진짜 강남(홍대)>(2013春)

"弘大的音乐(홍대 음악)"은 무슨 뜻인가? (　　)

A. "弘大的音乐"는 "기세가 있는 음악"을 말한다.

B. "弘大的音乐"는 "홍대 거리에서 만든 음악"을 말한다.

C. 잘 모르겠다.

15.

原文: "만원짜리 옷 장사로 떼돈을 벌었다"는 '4억 소녀'처럼 '소녀 갑부' 열풍을 불러왔던 쇼핑몰들이 앞다퉈 중국, 일본, 미국에 법인을 세웠다.

译文: 这些网站培养出了一系"少女富翁",比如以卖单价一万韩元的衣服而发家的"四亿少女"等等,掀起了年轻女性上网开店的风潮,并竞相在中国、日本、美国等地设立了海外法人。

— —<새로운 동반자, 인터넷 쇼핑몰>(2012冬)

"少女富翁"와 "少女富婆"중 어떤 것이 더 적절하다고 생각합니까?

(　　)

A. 少女富翁　　B. 少女富婆　　C. 잘 모른다.

16.

原文: 그와 같은 생활 형태가 혹시 프랑스의 아리안 무뉘시킨(Arian Mnouchkine) 이 주도하는 태양극단에서 힌트를 받지 않았느지를 묻자, 그는 강하게 부정한다. 태양극단은 함께 숙식을 하지 않을뿐더러 재야극단이라기보다는 정부로부터 막대한 지원을 받는 특수 엘리트 집단으로서, 일종의 문화권력이라는 것이다.

译文: 当被问到这种生活方式是否从法国姆努什金导演的阳光剧团获得了灵感时，李润泽坚决否认，指出太阳剧团既不共同起居，也不是在野的民间剧团，而是获得了大量政府资助的特殊精英团体，属于一种文化权力机构。

——<'문화게릴라' 이윤택(李潤澤 Lee Youn -taek)> (2012冬)

번역문에서 "在野的民间剧团"을 "草根剧团"으로 수정하는 것이 적절

하다고 생각합니까? (　　)

A. 네.　　　　　　　　B. 아니요.　　　　　　　　C. 잘 모르겠다.

17.

原文: 식사용 국밥에는 국물에 밥을 말아 내주는데 술국을 주문하면 밥 대신에 선지, 내장, 썬 고기 등 국 건더기를 넉넉하게 담아 내준다. 이 술국 한 그릇이면 한국의 주당들은 소주 몇 병쯤은 쉽게 해치운다.

译文: 汤泡饭里放的是饭，而下酒汤里放的则是血豆腐、内脏和肉片等。 一碗下酒汤足以让酒客饮掉几瓶烧酒。

——<소주 안주> (2013冬)

위에서 언급된 "汤泡饭(국밥)"에 대해 옳다고 생각하는 것은 무엇입니까? (　　) (복수 선택 가능)

A. 한식 요리
B. 비교적 영양이 있다.
C. 밥을 먹는 방식으로, 밥을 국에 말아서 먹는다.
D. 소화에 도움이 되지 않으며, 건강 식단이 아니다.
E. 잘 모른다.

18.

原文: 소고기나 돼지고기를 삶은 수육은 대표적인 소주용 진안주로, 잔칫집이나 상가의 손님접대 술상에서 빠지지 않는다.

译文: 最具代表性的佐酒蒸菜是熟牛猪肉[79]，这道菜肴是筵席或

79 '수육'是指将牛肉、猪肉等煮熟后(放葱、姜、蒜、清酒)，包在蒸笼布里用石头等重物

丧家酒席上必备的佐酒菜。

——<소주 안주>(2013冬)

"熟牛猪肉"과 "熟食"중 어떤 것이 더 적절하다고 생각하십니까?
(　　)

A. 熟食　　B. 熟牛猪肉　　C. 잘 모른다.

19.

原文: '판소리는 너무 좋은데 언제까지나 20세기 이전의 음악만을 할 수 없지 않겠냐'라고 말하는 이자람은

译文: 李紫蓝曾经公开表示: "我十分热爱盘瑟俚艺术，但也不能为了保持其纯粹性，就一直只演唱20世纪以前的传统曲目"。

——<세계유산이 된 한국의 인간문화재들>(2012秋)

위에서 언급된 "盘瑟俚(판소리)"에 대한 묘사가 옳다고 생각하는 것은 무엇입니까? (　　)

A. 판소리는 설창공연이다.

B. 판소리는 무용 형식이다.

C. 잘 모른다.

碾压，最后切成适合食用的大小。根据肉的种类称为牛头肉、羊头肉、猪头肉等。

20.

原文: 그리고 오늘날 명동은 자라와 H&M과 같은 해외 브랜드와 에잇 세컨즈 같은 국내 브랜드는 물론 제품 제작과 소비자 반응 주기가 훨씬 더 빠른 이름 없는 동대문 시장제품으로 대표되는 패스트 패션의 메카로 자리매김하고 있다.

译文: 今天，明洞不仅有飒拉、H&M等外国品牌和8Seconds等国内品牌，并且这里正在成为以不知名的东大门市场产品为代表的快速时尚圣地，这些快速时尚商品的制作和消费者反应周期更加快捷。

——<명동 중심가의 변모>(2012冬)

번역문에서 "자라(飒拉)"는 "ZARA"라는 브랜드를 연상하게 됩니까? (　　)

A. 네　　　　　　B. 아니요

21.

(1) "잡채(杂菜、什锦菜)"를 알고 있습니까? (　　)

A. 알고 있다. ((2)번 문제 가기)

B. 잘 모른다. ((3)번 문제 가기)

(2) 알고 있다면, 다음 몇 가지 번역문에서 적절한 것을 고르시오. (　　)

A. 什锦菜(2010冬)

B. 杂菜(2013夏)

C. 잘 모른다.

(3) 모른다면 번역문 '杂菜'을 보고 '잡채'가 어떤 음식인지 고르시오.
( )

A. 여러 가지 야채로 만든 요리

B. 표고버섯, 시금치, 당근, 쇠고기, 당면으로 만든 요리

C. 잘 모른다.

22.

(1) "식혜 (米酒、酒酿、甜米水......)"를 알고 있습니까? ( )

A. 알고 있다. ((2)번 문제 가기)

B. 모른다. ((3)번 문제 가기)

(2) 알고 있다면, 다음 몇 가지 번역문에서 적절다고 생각되는 것을 고르시오. ( )

A. 米酒(2014夏)

B. 甜米水(2013冬)

C. 酒酿(2010春)

D. 蜜糯汤 (2008春)

E. 甜米露(Naver韩中辞典)

F. 모두 적절하지 않다.

(3) 모른다면 번역문을 보고 '식혜'가 어떤 음식인지 고르시오. ( )

A. 음료수

B. 술

C. 잘 모른다.

23.

(1) "육개장(牛肉汤、辣肉汤、细丝牛肉汤......)"을 알고 있습니까? (　　)

A. 알고 있다. ((2)번 문제 가기)

B. 잘 모른다. ((3)번 문제 가기)

(2) 알고 있다면, 다음 몇 가지 번역문에서 적절다고 생각되는 것을 고르시오. (　　)

A. 牛肉汤(2014夏、2010夏)

B. 辣肉汤(2011冬)

C. 细丝牛肉汤(金慧林韩汉翻译词典 53页)

D. 모두 적절하지 않다.

(3) 모른다면 번역문 '牛肉汤、辣肉汤、细丝牛肉汤'을 보고 "육개장"이 어떤 음식이라고 생각합니까? (　　)

A. 쇠고기로 만든 짠 맛의 국

B. 고기로 만든 매운 맛의 국

C. 쇠고기로 만든 매운 맛의 국

D. 잘 모른다.

24.

(1) "고무신(胶鞋、皮鞋、钩头胶鞋)"을 알고 있습니까? (　　)

A. 네, 알고 있습니다. ((2)번 문제 가기)

B. 아니요, 잘 모릅니다. ((3)번 문제 가기)

(2) 알고 있다면, 다음 몇 가지 번역문에서 적절다고 생각되는 것을 고르시오. (　　)

A. 胶鞋(2013夏2009冬2006夏)

B. 皮鞋(2012冬)

C. 钩头胶鞋(金慧林韩汉翻译词典 51页)

D. 모두 적절하지 않다.

(3) 모른다면 번역문 '胶鞋'을 보고 "고무신"이 어떤 상황에 잘 신는지 고르시오. (　　) (복수 선택 가능)

A. 운동할 때

B. 비가 올 때

C. 한복을 입을 때

D. 편하게 신는 신발이다.

E. 잘 모른다.

부록 3. 문화어휘재료

원문	역문	출처	번역방법
지명			
감포	甘浦	2014夏	直译
강남	江南	2013春	直译
강남역	江南站	2013春	直译
강원도	江源道	2012春	意译
개경	開京	2013春	直译
개성	开城	2013春	直译
거문도	巨文岛	2012夏	直译
격자봉	格紫峰	2013秋	直译
경기도과천시	京畿道果川市	2012夏	直译
경기중학교	京畿中学	2013春	直译
경부철도회사사무소	京釜铁道会社事务所	2012春	直译
경상북도청도	庆尚北道清道郡	2013夏	直译
경성역(서울역)	京城站(首尔站)	2012春	直译
경원정(慶源亭)	庆源亭	2014春	直译

원문	역문	출처	번역방법
고속버스터미널	高速大巴站	2013春	意译
관교동	官校洞	2014春	直译
관악산	冠岳山	2013春	直译
광장시장	廣场市场(오역廣藏市場)	2012冬	直译
굴업도	掘业岛	2014春	直译
금정산	金井山	2013夏	直译
기린도	麒麟岛	2014春	直译
김해도요마을	金海陶窑村	2012冬	直译
낙산	骆山	2013春	直译
남경	南京	2013春	直译
남경역	南京驿	2013春	直译
남만주철도(南滿州鐵道) 주식회사	南满铁道株式会社	2012春	直译
남산	南山	2013春	直译
남태령	南泰岭	2013春	直译
남해	南海	2012夏	直译
노량진역	鹭梁津站	2012春	直译
노치(notch)	浪蚀龛	2014春	意译
논산	论山	2013秋	直译
소은병	小隐屏	2013秋	直译
대은병	大隐屏	2013秋	直译
덕유산	德裕山	2013秋	直译
도곡	道谷	2013春	直译
동대문	东大门	2013春	直译
동대문시장	东大门市场	2012冬	直译
동숭동	东崇洞	2013春	直译

원문	역문	출처	번역방법
동피랑마을	东毗崀村	2012夏	直译
두무진	头武津	2014春	直译
두무진앞바다	头武津海滩	2014春	直译
두타	斗山塔	2012冬	意译
랴오둥만의얼음바다	辽东湾冰海	2014春	直译
마암도	马岩岛	2014春	直译
마포지역	麻浦区	2012夏	直译
명동	明洞	2012冬	直译
명량해협	鸣梁海峡	2012夏	直译
무등산	無等山	2013秋	直译
무이산	武夷山	2013秋	直译
문학동	文鹤洞	2014春	直译
미륵산	彌勒山	2012夏	直译
밀양	密阳	2012冬	直译
반포	盘浦	2013春	直译
방어진	方鱼津	2014夏	直译
배꼽산	肚脐山	2014春	直译
백두대간	1. 白头山脉 2. 白头大干	2013秋	直译
백두산	白头山	2014秋	直译
백령도	白翎岛	2014春	直译
베두인족	贝都因	2012夏	音译
보길도	甫吉岛	2013秋	直译
부산	釜山	2013夏	直译
부산역	釜山火车站	2012春	直译
부흥식(復興式)	复兴式	2012春	直译
북악산	北岳山	2013春	直译

원문	역문	출처	번역방법
북한산	北汉山	2013春	直译
비암도	碑岩岛	2014春	直译
사당동	舍堂洞	2013春	直译
사천(삼천포)	泗川(三千浦)	2012夏	直译
상모리패총	上摹里贝塚	2014夏	直译
색달리	穑达里	2014夏	直译
서귀포색달리	西归浦穑达里	2014夏	直译
서대문	西大门	2012春	直译
서울인사동	首尔仁寺洞	2012春	直译
서울역	首尔站	2012春	直译
서울의관문(關門)	首都关隘	2012春	意译
선릉역	宣陵站	2013春	直译
성미산	城美山	2012夏	直译
성수대교	聖水大桥	2013春	直译
세빛둥둥섬	浮岛	2013春	意译
세종로	世宗路	2013冬	直译
세종시	世宗市	2013春	直译
소련 블라디보스토크	苏联的海参崴地区	2014夏	意译
소백산맥	小白山脉	2013秋	直译
송도 지구	松岛地区	2014春	直译
송도(개성)	松都(开城)	2013秋	直译
수도육군병원	首都陆军医院	2013春	直译
순위도	巡威岛	2014春	直译
순천	顺川	2013秋	直译
순천만	顺川灣	2013秋	直译
신사동	新沙洞	2013春	直译

원문	역문	출처	번역방법
안암동	安岩洞	2013春	直译
알프스	阿尔卑斯	2012春	意译
압구정	狎鸥亭	2013春	直译
압구정동	狎鸥亭洞	2012冬	直译
압구정역	狎鸥亭站	2013春	直译
어화도	渔化岛	2014春	直译
여수	丽水	2012夏	直译
여수(麗水)항	丽水港	2012夏	直译
여수의오동도	丽水梧桐岛	2012夏	直译
여의도	汝矣岛	2013春	直译
여주이포마을	骊州梨浦村	2012夏	直译
염천교(鹽川橋)	盐川桥	2012春	直译
영종 지구	永宗岛地区	2014春	直译
영종도(永宗島)	永宗岛	2014春	直译
영천고개	靈泉坡	2013春	直译
옥수동	玉水洞	2013春	直译
옹진군	瓮津郡	2014春	直译
웅진	熊津	2013春	直译
월내도	月乃岛	2014春	直译
월미도	月尾岛	2014春	直译
육도	陆岛	2014春	直译
을지로	乙支路	2013春	直译
가로수길	林荫路	2012冬	直译
이작도	伊作岛	2014春	直译
이적도(伊賊島)	伊贼岛	2014春	直译
이태원	梨泰院	2012冬	直译

원문	역문	출처	번역방법
인왕산	仁王山	2013春	直译
일산	一山	2012春	直译
임진강	临津江	2013春	直译
전북부안군위도(蝟島)	全罗北道扶安郡蝟岛	2012秋	直译
정동	贞洞	2012春	直译
정동진	正东津	2012冬	直译
제주도	济州岛	2012春	直译
중구 선린동	中区善邻洞	2014春	直译
종로구계동	钟路区桂洞	2013秋	直译
창린도	昌麟岛	2014春	直译
청계천	清溪川	2013春	直译
청교역	青郊驿	2013春	直译
청담	清潭	2013春	直译
청담대로	清潭大道	2012冬	直译
청담동	清潭洞	2012冬	直译
청라 지구	青萝地区	2014春	直译
청량리역	清凉里火车站	2013春	意译
청마우체국	青马邮局	2012夏	直译
청주시흥덕구봉명2동	清州市兴德区凤鸣二洞	2012春	直译
초도	草岛	2012夏	直译
충무	忠武	2012夏	直译
충무로	忠武路	2013春	直译
템즈강변	泰晤士河边	2013秋	意译
통영	统营	2012冬	直译
통파역	通坡驿	2013春	直译
파주	坡州	2013春	直译

원문	역문	출처	번역방법
파시	波市	2014春	直译
평양	平壤	2013春	直译
포항	浦项	2014夏	直译
하남위례성	河南慰禮城	2013春	直译
한강	汉江	2013春	直译
한려수도	闲丽水道韩丽水道	2012夏	直译
한산도	闲山岛	2012夏	直译
한성	漢城	2013春	直译
한양	漢陽	2013春	直译
함양개평마을	咸阳介坪村	2013秋	直译
해상국립공원	国家海洋公园	2012夏	直译
해식와	海蚀穴	2014春	直译
현무암 바위	玄武岩礁石	2014夏	直译
혜성	彗星	2014秋	直译
혜음령	惠阴嶺	2013春	直译
혜화동	惠化洞	2013春	直译
홍대	弘大	2013春	直译
홍콩의코즈웨이베이	香港铜锣湾	2012冬	意译
회수담(回水潭)	回水潭	2013秋	直译
흑산도	黑山岛	2014夏	直译

원문	역문	출처	번역방법
건축물 · 유적지			
9단의계단식터	九段台阶式的地基	2013秋	意译
LA의슈버트극장	洛杉矶舒伯特剧院	2014秋	意译
가회동	嘉会洞	2013秋	直译
강원	讲院	2013夏	直译
개성공단	开城工业园区	2013春	意译
개펄 풍경	泥滩风光	2014春	意译
경무대(오늘의청와대)	景武台(今天的青瓦台)	2013春	直译
경복궁	景福宫	2012春	直译
경부선	京釜线	2012春	直译
경성정거장	京城停车站	2012春	直译
경의선	京义线	2012春	直译
경인선(京仁線)	京仁线	2012春	直译
경주국립박물관	庆州国立博物馆	2013冬	直译
계담(溪潭)	溪水潭	2013秋	意译
공자상	孔子像	2014春	直译
공주시	公州市	2013夏	直译
공화춘건물	共和春旧址	2014春	意译
광교	廣桥	2013春	直译
광화문	光化门	2013秋	直译
교생실습	支教	2013秋	意译
국립고궁박물관	国立故宫博物馆	2014秋	直译
국립중앙박물관	国立中央博物馆	2013冬	直译
국립현대미술관	国立现代美术馆	2013春	直译
국회의사당	国会议事堂	2013春	直译
극락교	极乐桥	2013夏	直译

원문	역문	출처	번역방법
근정전	勤政殿	2013春	直译
금산사	金山寺	2013夏	直译
금수동	锦绣洞	2013夏	直译
낙서재	乐书斋	2013秋	直译
남만주철도	南满铁道	2012春	直译
내소사	来苏寺	2013夏	直译
누마루	廊亭	2013秋	意译
뉴욕스테이트극장	纽约州剧院	2014秋	直译
단층 목조 바라크 건물	单层木结構营房式建筑	2012春	直译
담양독수정	潭阳独守亭	2013秋	直译
대광보전	大光寶殿	2013夏	直译
대륙호	大陆號	2012春	直译
대암사	大庵寺	2012春	直译
대웅보전	大雄寶殿	2013夏	直译
덕수궁	德寿宫	2014春	直译
도산공원	岛山公园	2012冬	直译
동대문 명장대학	东大门名匠大学	2012冬	直译
동묘	东庙	2013春	直译
동천(洞天)석실	洞天石屋	2013秋	意译
땅끝마을	天涯海角村	2013秋	意译
런던플레저가든공원	伦敦弗雷泽公园	2013秋	音译
마곡사	麻谷寺	2013夏	直译
마로니에공원	七葉树公园	2013春	直译
만국공원	萬国公园	2014春	直译
망루	瞭望台	2013秋	意译
맥아더동상	麦克阿瑟铜像	2014春	音译

원문	역문	출처	번역방법
메트로폴리탄미술관	大都会博物馆	2013冬	意译
명륜당	明伦堂	2013春	直译
명재고택	明斋古宅	2013秋	直译
무량수전	無量寿殿	2013秋	直译
문살	窗棂	2012春	直译
문학산성(文鶴山城)	文鹤山城	2014春	直译
문화역서울284	文化站首尔二八四	2012春	直译
미륵전	彌勒殿	2013夏	直译
바그다드카페	巴格达咖啡屋	2012夏	音译
바로크	巴洛克式	2012春	音译
범어사	梵鱼寺	2013夏	直译
범종각	梵钟阁	2013秋	直译
법당	法堂	2013夏	直译
보문쌍총	普门雙塚	2013冬	直译
봉은사	奉恩寺	2013夏	直译
부도밭	浮屠园	2013夏	意译
부용동정원	芙蓉洞园林	2013秋	直译
불국사	佛国寺	2012春	直译
불전	佛殿	2013夏	直译
사곡면	寺谷面	2013夏	直译
사립미술관	私立美术馆	2012春	直译
사투암(射投巖)	射投岩	2013秋	直译
삼국지거리	三国志壁画街	2014春	意译
삼성미술관	三星李氏美术馆	2012春	意译
서울 정동의 구 러시아공사관 터	首尔贞洞俄国公使馆旧址	2014春	直译
서울경마공원	首尔赛马公园	2014春	直译
석가산(石假山)	石假山	2013秋	直译
석굴암	石窟庵	2013冬	直译

원문	역문	출처	번역방법
석축	石筑台	2013秋	意译
성균관대학교	成均馆大学	2013春	直译
세연정(洗然亭)	洗然亭	2013秋	直译
세종문화회관	世宗文化会馆	2013春	直译
소쇄원	潇洒园	2013秋	直译
송광사	松光寺	2013夏	直译
수표교	水标桥	2013春	直译
스타벅스	星巴克	2012冬	直译+音译
스튜디오 애니멀 (Studio Animal)	动物工作室	2012春	意译
스파	水疗	2014春	意译
시민회관	市民会馆	2013春	直译
쌍계사	雙溪寺	2012春	直译
안양루	安养楼	2013秋	直译
여의도공원	汝矣岛公园	2013春	直译
연필로 명상하기 (Studio MWP)	铅笔冥想工作室	2012春	意译
연흥전	延兴殿	2013春	直译
영주선재	瀛洲禅斋	2013夏	直译
온돌방	地暖房	2013秋	意译
와룡암(臥龍岩)	卧龙岩	2013秋	直译
운문사	雲门寺	2013夏	直译
운암리	雲岩里	2013夏	直译
유령건물	幽灵建筑	2012冬	直译
인천개항박물관	仁川开港博物馆	2014春	直译
일주문	一柱门	2013夏	直译
자기부상열차	磁悬浮列车	2014春	直译

원문	역문	출처	번역방법
자유공원	自由公园	2014春	直译
자장면박물관	炸酱面博物馆	2014春	直译
잠수교	潜水桥	2013春	直译
잡스의 실리콘밸리 차고	乔布斯的硅谷车库	2012冬	直译
장인	大师	2012春	意译
적산법화원	赤山法华院	2014春	直译
정독도서관	正读图书馆	2013春	直译
정원문화	园林文化	2013秋	直译
정자	凉亭	2012春	直译
정자문화	亭子文化	2013秋	直译
제노(齊魯)의 고도	齐鲁古都	2014春	直译
제주해녀박물관	济州海女博物馆	2014夏	直译
조선총독부	朝鲜总督府	2012春	直译
조선총독부철도국(鐵道局)	朝鲜总督府铁道局	2012春	直译
쌈지공원	街心公园	2013秋	意译
종로타워	钟路塔	2013春	直译
중문	中门	2014夏	直译
중앙극장	中央剧院	2013春	直译
중화요릿집	中华料理店	2014春	直译
차이나타운	中国城	2014春	直译
창덕궁	昌德宫	2012春	直译
천왕문	天王门	2013秋	直译
철도박물관	铁道博物馆	2012春	直译
청관	清馆	2014春	直译
청마문학관	青马文化馆	2012夏	直译
청와대	青瓦台	2014春	直译

원문	역문	출처	번역방법
추사고택	秋史古宅	2013秋	直译
침전	寝宫	2012春	意译
태화산	太华山	2013夏	直译
튜더양식	都铎式风格	2012冬	意译
판자촌	棚户房	2013春	意译
판전	板殿	2013夏	直译
팔미도등대	八尾岛燈塔	2014春	直译
프리클래식수법	维多利亚哥特式建筑	2012春	意译
프린스에드워드극장	爱德华王子剧院	2014秋	意译
플래그십매장	旗舰店	2012冬	意译
한강철교	汉江铁桥	2012春	直译
한국은행본점	韩国银行主楼	2012春	直译
한국학중앙연구원	韩国学中央研究院	2012春	直译
한옥	传统建筑	2012春	意译
한옥부무헌	韩屋無無轩	2013秋	直译
함양교수정	咸阳教授亭	2013秋	直译
해시계	太阳钟	2013秋	直译
해탈문	解脱门	2013夏	直译
행궁	行宫	2013春	直译
행주산성	幸州山城	2014春	直译
호거산	虎踞山	2013夏	直译
혹약암(惑躍巖)	或跃岩	2013秋	直译
화계사	华溪寺	2013夏	直译
화순의임대정	和顺临对亭	2013秋	直译
황남대총	皇南大塚	2013冬	直译
황학동벼룩시장	黄鹤洞跳蚤市场	2012春	意译

원문	역문	출처	번역방법
음식문화 · 차문화 · 음주문화			
도미회	鲷鱼生鱼片	2012夏	直译
삶은문어	煮章鱼	2012夏	直译
낙지볶음	炒鱿鱼	2012夏	直译
꽃게탕	花蟹汤	2013春	直译
게장	酱油蟹、蟹酱	2013春	意译
소주	烧酒	2013冬	直译
청주	清酒	2013冬	直译
법주	法酒	2013冬	直译
가양주	家酿酒	2013冬	直译
감홍로	甘红露	2013冬	直译
죽력고	竹沥膏	2013冬	直译
이강주	梨姜酒	2013冬	直译
이강고	梨姜酒	2013冬	直译
증류주	蒸馏酒	2013冬	直译
폭탄주	炸弹酒、炮弹酒	2013冬	意译
백일주	百日酒	2013冬	直译
폭음문화	暴饮文化	2013冬	直译
안주	佐酒菜	2013冬	意译
마른안주	佐酒干菜	2013冬	意译
진안주	佐酒汤菜	2013冬	意译
오징어	鱿鱼	2013冬	直译
북어포	斡明太鱼	2013冬	意译
쥐치포	鱼脯烤鱼片	2013冬	意译
수육	熟牛猪肉	2013冬	意译
녹두반죽	绿豆饼 (오역)	2013冬	意译

원문	역문	출처	번역방법
술국	下酒汤	2013冬	意译
설렁탕	先农汤、雪浓汤	2013冬	音译
순댓국	血肠汤	2013冬	直译
해장국	醒酒汤	2013冬	意译
삼겹살구이	烤五花肉	2013冬	直译
자장면	炸酱面	2014春	直译
파스타	意大利面	2014春	意译
소바	荞麦面	2014春	意译
일본식무짠지	日式腌萝卜	2014春	意译
전복죽	鲍鱼粥	2014夏	直译
소라죽	海螺粥	2014夏	直译
쉰다리	酸饮	2014夏	意译
궁중 음식	宫廷饮食	2012春	直译
약선 요리	药膳	2012春	直译
김치	泡菜	2012春	意译
한류문화	韩流文化	2012春	直译
홍합	红蛤	2012夏	直译
멸치어선	捕鳀鱼的渔船	2012秋	意译
회식문화	聚餐文化	2013冬	意译
미사주	圣酒	2013冬	意译
와인	葡萄酒	2013冬	意译
막걸리(濁酒)	浊酒	2013冬	意译
	马格利	2013冬	音译
발효주	发酵酒	2013冬	直译
진로(眞露)참이슬	真露	2013冬	直译
경월(鏡月)	镜月	2013冬	直译

원문	역문	출처	번역방법
무학(舞鶴)	舞鹤	2013冬	直译
과일 소주	水果烧酒	2013冬	直译
화요	火尧	2013冬	直译
안동 소주	安东烧酒	2013冬	直译
바 문화	酒吧文化	2013冬	直译
소맥	烧啤	2013冬	直译
하이브리드 소주	混合烧酒	2013冬	意译
군고구마	烤红薯	2013春	直译
풀빵	烤饼	2013春	意译
찹쌀떡	年糕	2013春	意译
메밀묵	荞麦凉粉	2013春	意译
된장찌개	酱汤煲	2013春	意译
포장마차	包装马车	2013春	直译
노래방	练歌房	2013春	意译
마늘치킨	蒜蓉炸鸡	2013春	意译
국민주	国民酒	2013冬	直译
전골	火锅	2013冬	意译
빈대떡	穷人饼	2013冬	意译
아침공양	早斋	2013夏	意译
반찬	小菜	2013夏	意译
맨발산행	赤脚山行	2013夏	直译
미역국	海带汤	2013夏	直译
제철 안주	时令佐酒菜	2013冬	意译
도다리	比目鱼	2013冬	直译
전어	古眼鱼	2013冬	意译
생태찌개	明太鱼汤	2013冬	意译

원문	역문	출처	번역방법
민어	鮸鱼	2013冬	直译
농어회	鲈鱼生鱼片	2013冬	直译
장어	鳗鱼	2013冬	直译
치킨	炸鸡	2013冬	直译
생선회	生鱼片	2013冬	直译
소고기구이	烤牛肉	2013冬	直译
돼지갈비	烤猪排	2013冬	直译
족발	酱猪蹄	2013冬	直译
감자탕	脊骨土豆汤	2013冬	直译
부침개	煎饼	2013冬	直译
곱창	肥肠	2013冬	直译
육회	生拌牛肉	2013冬	意译
족편	蹄子冻儿	2013冬	意译
어란	鱼子	2013冬	直译
닭갈비	铁板鸡	2013冬	意译
닭모래집구이	烤鸡胗	2013冬	直译
부대찌개	火腿肠锅、部队汤	2013冬	意译
두루치기	辣炒猪肉	2013冬	意译
조개탕	青蛤汤	2013冬	意译
문어	八爪鱼	2013冬	直译
계란말이	鸡蛋卷	2013冬	直译
도토리묵	橡子凉粉	2013冬	直译
캐러멜	焦糖	2014春	直译
미옌장(甛麵醬)	甜面酱	2014春	直译
문어죽	章鱼粥	2014春	直译
한정식	韩式客饭、韩定食	2014春	直译

원문	역문	출처	번역방법
국밥	汤泡饭	2014春	意译
만두국	饺子汤	2014春	直译
잡채	炒杂菜炒什锦菜	2014春	意译
떡국	年糕汤	2014春	直译
미역된장국	裙带大酱汤	2014夏	意译
냉국	裙带菜凉汤	2014夏	意译
칼국수	刀切面、手擀面	2014夏	意译
육개장	细丝牛肉汤	2014夏	意译
식혜	米酒酒酿食	2014夏	意译
한과	汉果	2014夏	直译
떡	糕饼	2014夏	意译
떡볶이	炒年糕	2014夏	直译

원문	역문	출처	번역방법
복식 · 복장			
가죽조끼	皮马甲	2012冬	直译
갓	纱帽	2012夏	意译
고무신	钩头胶鞋　胶鞋	2012冬	意译
귀고리	耳环	2012冬	意译
금관	金冠	2013冬	直译
꽃무늬한복	印花韩服	2012冬	意译
다스베이더마스크	达斯•维达的面具	2013春	音译+直译
닥터마틴부츠	马丁大夫”靴	2012冬	直译
두루마기	大褂	2012冬	意译
디자이너드레스	设计师晚装	2012冬	直译
모노키니수영복	连体比基尼	2012冬	意译
미싱사	缝纫	2012冬	直译
버선	布袜	2012冬	意译
비단	绸缎	2012春	直译
석류석	石榴石	2013冬	直译
승복	僧服	2013夏	直译
에르메스	爱马仕	2012冬	意译
옷감	布料	2012冬	直译
옷고름	衣带	2012冬	意译
자라	飒拉	2012冬	音译
저고리	韩服上衣　褂	2012冬	意译
좁은 바지	瘦腿裤	2012冬	意译
체크남방	花格短袖衫	2012冬	意译
패션피플	时尚人士	2012冬	直译+意译
패턴사	定型	2012冬	意译
한복	韩服	2012冬	直译

원문	역문	출처	번역방법
민속 · 신앙			
'성부와 리랑'	圣妇与里郎	2013秋	直译
'앙데팡당'전	独立艺术展	2012夏	意译
'에꼴드서울'	首尔学院展	2012夏	意译
가정의제사	家庭祭祀	2013冬	直译
강릉단오제	江陵端午祭	2012秋	直译
강릉선언	《江陵宣言》	2012秋	直译
관·혼·상·제례	冠婚丧祭	2014冬	直译
단색화	单色画	2012夏	直译
대구현대미술제	大邱现代美术节	2012夏	直译
돌무덤	石墓	2012冬	直译
돌봄두레	夕阳互助组	2012夏	直译
띠뱃놀이	草船祭传人	2012秋	意译
명량대첩축제	鸣梁大捷文化节	2012夏	直译
비누두레	肥皂互助组	2012夏	意译
사랑방	1.(省略) 2.厢房 3.舍廊	2012冬	意译
서울현대미술제'	首尔现代美术节	2012夏	直译
성황당	墓葬(오역)	2012冬	意译
세계세익스피어페스티벌	世界莎士比亚艺术节	2012冬	直译
소행주	幸福居	2012夏	意译
술래잡기	捉迷藏	2012夏	意译
신언서판(身言書判)	身、言、书、判	2012冬	直译
신화	神话	2012冬	直译
안방	1.内室 2.韩式正房	2012冬	直译
안행	雁行	2013夏	直译
옛글	古书	2012冬	意译

원문	역문	출처	번역방법
입타령(여음)	感叹词	2012春	意译
잠수굿	潜嫂祭	2014夏	直译
잠화	簪花	2014秋	直译
나침반윤도	罗盘轮图	2012夏	直译
조왕신	灶王神	2013夏	直译
지신밟기	踩地神	2013秋	直译
팽이	陀螺	2012春	直译
한국의단색화	韩国单色画	2012夏	直译
한땀두레	缝纫组	2012夏	意译
한산대첩축제	闲山大捷文化节	2012夏	直译
해녀	海女	2014夏	直译
허재비(허수아비)	稻草人	2012秋	直译
화장	火葬	2013冬	直译
강릉단오제	江陵端午祭	2012秋	直译
해녀축제	海女庆典	2014夏	直译
8계절	八季	2013秋	直译
삼복	三伏	2013秋	直译
마당방(마치 방처럼 사용하기에 마당방이라 했다)	院落房(當房间使用，故稱为院落房)	2013秋	意译
굿판이	跳巫舞	2014秋	意译

원문	역문	출처	번역방법
예술 · 종교			
'바다의 딸'	《大海的女儿》	2014夏	直译
<시의전서(是議全書)>	《是议全书》	2013春	直译
넌버벌퍼포먼스	无台词表演	2014秋	意译
별좌스님	别座大师	2013夏	直译
에딘버러프린지	爱丁堡边缘艺术节	2014秋	意译
회주(會主)스님	方丈	2013夏	意译
'강남스타일'	《江南Style》	2013春	直译
'천하제일'전	"天下第一"展	2013春	直译
<그래도나는서울이좋다>	《我还是喜欢首尔》	2013春	直译
<빵과인형>	面包傀儡剧团	2012冬	意译
<아리랑 환상곡>	《阿里郎幻想曲》	2012春	直译
<이어도사나>	《波浪岛,我的家乡》	2014夏	意译
<하상(河殤)>	《河殇》	2014春	直译
108배	一百零八拜	2013夏	直译
3박자	三拍节奏	2012春	直译
5음음계	五音音阶	2012春	直译
가람(절)수호	珈蓝守护	2013夏	直译
가톨릭	大公教会	2013夏	意译
경전	佛经	2013夏	意译
관세음보살	观世音菩萨	2013夏	直译
관조	观照	2012夏	直译
궁중행사도	王宫典仪活动图	2012春	意译
금동미륵보살반가사유상	金铜彌勒菩萨半迦思维像	2013冬	直译
금욕	禁欲	2013夏	直译

원문	역문	출처	번역방법
기록화	记录图	2012春	直译
길상사	吉祥寺	2013夏	直译
남사당패	男寺當	2012冬	直译
놀이패	神祭	2012秋	意译
누들로드	面条之路	2014春	直译
뉴욕뮤지컬페스티벌	纽约音乐剧节	2014秋	直译
다리아포의라메극단	达里奥•福的福一拉美新舞台剧团	2012冬	直译+意译
단색평면회화	单色平面绘画	2012夏	直译
대금	横笛	2012秋	意译
대중연극	大众戏剧	2012冬	直译
도량석	道场释	2013夏	直译
동가반차도	《动驾班次图》	2012春	直译
드림토크(Dreamtalk)	《梦呓》	2013春	直译
딤프	大邱国际音乐剧节	2014秋	意译
록콘서트	摇滚音乐会	2012冬	直译
마당발	场脚	2013秋	直译
마루방	廊台房	2013秋	意译
말춤	骑马舞	2013春	意译
모노크롬회화	单色绘画	2012夏	意译
모노톤회화	单色调绘画	2012夏	意译
목어	木鱼	2013夏	直译
목탁	木鱼	2013夏	直译
무속인	巫师	2014秋	意译
무위자연	無为自然	2012夏	直译
묵언	默言修行	2013夏	直译

원문	역문	출처	번역방법
문화적표현	文化表达	2012秋	意译
뮤지컬	音乐剧	2014秋	直译
뮤지컬폐인	音乐剧废人	2014秋	直译
밀양아리랑	密阳阿里郎	2012春	直译+音译
발우공양	钵盂供养	2013夏	直译
범종	梵钟	2013夏	直译
법고	法鼓	2013夏	直译
법명	法名	2013夏	直译
보시	布施	2013夏	直译
본조아리랑	本调阿里郎	2012春	直译+音译
부석사	浮石寺	2013秋	直译
부처	佛主	2013夏	直译
불자	佛门在家弟子	2013夏	直译
불화	佛画	2012春	直译
비구니	尼姑	2013夏	直译
비구니승단	尼姑僧团	2013夏	直译
비보이배틀	街舞对决	2012冬	意译
사물	四器	2013秋	意译
사물놀이	四物表演	2013秋	意译
사제	神父	2013夏	直译
사찰	寺庙	2014秋	直译
선원	禅院	2013夏	直译
소닉 블로섬	《音速之花》	2014春	意译
수난곡	受难曲	2012春	直译
수행	修行	2013夏	直译
수행자	修行者	2013夏	直译

원문	역문	출처	번역방법
스님	僧人、僧侣	2014秋	直译
승복	僧袍	2012冬	直译
심즉리(心卽理)	心即理	2013秋	直译
십간	天干	2012秋	意译
십이간지	地支	2012秋	意译
아미타불	阿彌陀佛	2013夏	音译
액자	卷轴	2012春	直译
어깨춤	肩膀舞	2012秋	直译
여백	余白	2012夏	直译
염불	念佛	2013夏	直译
예불	禮佛	2013夏	直译
오관게	五观偈	2013夏	直译
오라토리오	清唱剧	2012春	意译
오신채(五辛菜. 마늘, 파, 부추 등, 향이 강하고 성질이 매워서 수행에 방해가 된다고 믿는 다섯 가지 채소)	五辛菜(蒜、葱、韭菜等气味强烈、味辣的五种蔬菜，佛教认为这五种蔬菜会妨碍修行)	2013夏	直译
오행	五行	2012秋	直译
왕실회화	宫廷画	2012春	意译
운판	云板	2013夏	直译
유리화	琉璃画	2012春	直译
유묘도	《游猫图》	2012春	直译
유학자	1. 儒生	2012夏	直译
	2.儒学家	2013秋	
육화	六和	2013夏	直译
윤도	轮图	2012秋	直译
음양	阴阳	2012秋	直译

원문	역문	출처	번역방법
인디밴드	独摇乐队	2013春	直译
일월오악도	《日月五岳图》	2012春	直译
장구	长鼓	2012秋	直译
재가불자	在家弟子	2013夏	直译
재야극단	在野的民间剧团	2012冬	直译
전통악극	传统音乐剧	2012冬	直译
정랑(淨廊 뒷간)	净廊(厕所)	2013夏	直译
정선아리랑	旌善阿里郎	2012春	直译+音译
정중동	静中动	2012夏	直译
조계종	曹溪宗	2013夏	直译
조선화원대전	朝鲜画员大展	2012春	直译
조실(祖室, 절의 최고 어른)	祖室(寺院中的最高长者)	2013夏	直译
종이꽃	纸花	2014秋	直译
주문	咒文	2013夏	直译
주자(朱子)	朱子	2013秋	直译
죽비	竹篦(禅杖)	2013夏	直译
중용의정신	中庸	2012夏	直译
지장보살	地藏菩萨	2013夏	直译
진도아리랑	珍岛阿里郎	2012春	直译+音译
차수	叉手	2013夏	直译
참선	参禅	2013夏	直译
참선도장	参禅道场	2013夏	直译
천지신명	天地神靈	2012秋	直译
출가	出家	2013夏	直译
케이팝	韩国流行音乐(K—POP)	2013春	直译
케케묵	陈腐古旧	2012秋	意译

원문	역문	출처	번역방법
콜로라투라테크닉	花腔技巧	2012春	意译
탈춤	假面舞	2013秋	直译
탱화	唐卡佛像	2012春	意译
템플스테이	寺院寄宿	2013夏	直译
판소리	1. 盘索里 2. 判素里 3. 清唱	2014秋	音译、意译
팔괘	八卦	2012秋	直译
풍속화	风俗画	2012春	直译
피리	笛子	2012秋	直译
고려자기	高丽瓷器	2013春	直译
해금	奚琴	2012秋	直译
화원	画员	2012春	直译
환경미술	环境美术	2013秋	直译
환어행렬도	《还御行列图》	2012春	直译

원문	역문	출처	번역방법
정치 · 경제 · 사회			
중인출신	中人阶层	2012春	直译
치외법권	治外法权	2014春	直译
부동산소유	不动产所有权	2014春	直译
화상육성책	华商扶植政策	2014春	直译
한국단체여행자유화정책	韩国团体旅游自由化政策	2014春	直译
공납제적생산양식	资本主义生产方式	2014夏	直译
문화산업	文化产业	2012春	直译
마을만들기	社区建设	2012夏	意译
성미산마을	城美山社区	2012夏	直译
성미산 지키기	守护城美山	2012夏	直译
동네부엌	社区厨房	2012夏	直译
성미산공방	城美山工坊	2012夏	直译
문화재보호법	文化遗产保护法	2012秋	直译
인간문화재 (LivingHumanTreasures)	人类活寶藏	2012秋	直译
아태무형유산센터	亚太非物质文化遗产中心	2012秋	直译
강릉제안	《江陵提案》	2012秋	直译
인간국보	人类活国寶	2012秋	直译
산업화	产业化	2012秋	直译
도시화	城市化	2012秋	直译
자본주의	资本主义	2012秋	直译
상품경제	商品经济	2012秋	直译
창조적다양성	创造的多样性	2012秋	直译
다국가등재	多国申报	2012秋	意译
OEM방식	代工生产	2012冬	意译

원문	역문	출처	번역방법
동대문소싱	东大门外包	2012冬	意译
밀리오레	美利来	2012冬	音译
짝퉁	假货	2012冬	意译
카피	山寨产品	2012冬	意译
벤처상인	独立商人	2012冬	意译
도제식수련	学徒式训练	2012冬	直译
공실률	空置率	2012冬	意译
온라인새벽시장	线上早市	2012冬	直译
소녀갑부	少女富翁	2012冬	直译
주세법	酒税法	2013冬	直译
주세령(酒税令)	酒税令	2013冬	直译
양곡관리법	《粮食管理法》	2013冬	直译
1도(道) 1사(社) 정책	"一道一社"政策	2013冬	直译
지하철시대	地铁时代	2013春	直译
한강르네상스정책	汉江復兴政策	2013春	直译
반포촌놈	盘浦乡巴佬	2013春	直译
압구정오렌지	狎鸥亭橙子	2013春	直译
반포낑깡	盘浦金桔	2013春	直译+音译
X세대	X一代	2013春	直译
스트레스중독자	压力症候人群	2013春	意译
승과시	僧侣科举考试	2013夏	直译
외환위기	外汇危機	2014春	直译
지역 연고주의	裙带关系	2014春	意译
국군 기무사령부	国军機务司令部	2014春	直译
하청 제작	转包制作	2012春	意译
『수산업법 시행령』	《水产业法施行令》	2014夏	直译

원문	역문	출처	번역방법
역사			
포작	鲍作: 专门负责采取鲍鱼进奉给官衙的人	2014夏	直译
일제강점기	日本帝国主义统治时期	2013春	直译
쿠데타	军事政变	2013春	直译
5개년계획	五年计划	2013春	直译
8.15광복절	八一五光復节	2013春	直译
고구려	高句丽	2013春	直译
뇌신	雷神	2014夏	直译
문□무과	1、文武科2、文武科举	2014秋	直译
제갈량	诸葛亮	2013秋	直译
3·1운동	三•一运动	2012春	直译
6·25동란	"六•二五"战争	2012春	直译
8·15해방	"八•一五"解放	2012春	直译
개화파	开化派	2014春	直译
거문도사건	巨文岛事件	2012夏	直译
거북선	龟船	2012夏	直译
경원군	庆源郡	2014春	直译
고려	高丽王朝	2014春	直译
국가주의이념	国家主义理念	2012冬	直译
군사쿠데타	军事政变	2012秋	直译
궁내부	宫内府	2014秋	直译
궁중악가무정재	1、呈才 2、宫内歌舞乐手	2014秋	直译
급제한사람	及第者	2014秋	直译
남한산성	南汉山城	2014冬	直译
노원역	蘆原驿	2013春	直译

원문	역문	출처	번역방법
녹양역	绿杨驿	2013春	直译
농민폭동	农民暴动	2013秋	直译
닥나무	楮木	2012春	直译
대왕대비	王妃	2012春	直译
도가	道家	2014夏	直译
도화서	图画署	2012春	直译
독립운동	独立运动	2014夏	直译
돈대	墩台	2014冬	意译
매소홀	买召忽	2014春	音译
명량대첩	鸣梁大捷	2012夏	直译
모던경성	现代京城	2012春	直译
목판인쇄술	印刷术	2012春	直译
문학산	文鹤山	2014春	直译
미추홀	彌邹忽	2014春	音译
민족분단	民族分裂	2012冬	直译
반차도	班次图	2014秋	直译
벽도화준	碧桃花樽	2014秋	直译
병인양요	丙寅洋擾	2014春	直译
병자호란	丙子战乱	2014冬	直译
비류	沸流	2014春	直译
사대부	士大夫	2012春	直译
사평원	沙平院	2013春	直译
산업화	工业化	2012夏	直译
삼국시대	三国时代	2014春	直译
삼도수군통제사	三道水军统制使	2012夏	直译
삼전도	三田渡	2014冬	直译

원문	역문	출처	번역방법
서울올림픽	汉城奥运会	2012春	直译
선비	儒生	2012冬	意译
성문	城门	2014冬	直译
세종대왕	世宗大王	2013冬	直译
소성현	邵城县	2014春	直译
수구파	守舊派	2014春	直译
순조	纯祖	2014秋	直译
숭열전	崇烈殿	2014冬	直译
식민통치	殖民统治	2012春	直译
식민지배	殖民侵略	2012秋	意译
식민화	殖民统治	2014春	直译
신라	新罗	2013夏	直译
신무문	神武门	2013春	直译
신미양요	辛未洋擾	2014春	直译
아관파천	俄馆播迁	2014春	直译
아편전쟁	鸦片战争	2014春	直译
에도시대	江户时代	2014春	意译
여장	女墙	2014冬	直译
연평해전	延坪岛海战	2014春	直译
영조대왕	英祖大王	2013秋	直译
예,맥,한족	秽、貊、韩族	2013秋	直译
오정 사이렌	正午警报	2014春	意译
옥좌	宝座	2013冬	直译
온조	温祚	2014春	直译
옹성	瓮城	2014冬	直译
왕실	王室	2012春	直译

원문	역문	출처	번역방법
운양호사건	云扬號事件	2014春	直译
월성위	月城尉	2013秋	直译
유교문화	儒家文化	2012春	直译
의궤	仪轨	2014秋	直译
의장화	仪仗花、蝶恋花	2014秋	直译
이순신장군	李舜臣将军	2012夏	直译
인주(仁州)	仁州	2014春	直译
인천감리서	仁川监理署	2014春	直译
인천상륙작전	仁川登陆战	2014春	直译
일제의식민지배	日本帝国主义殖民统治	2012秋	直译
임진왜란	壬辰倭乱	2012夏	直译
자연도	紫燕岛	2014春	直译
정유재란	丁酉再乱	2012夏	直译
제물포해전	济物浦海战	2014春	直译
조·러수호통상조약	《朝俄修好通商条约》	2014春	直译
조선왕조	朝鲜王朝	2012春	直译
종친부	宗亲府	2014春	直译
주몽	朱濛	2014春	直译
주자학	程朱理学	2014春	直译
중생대백악기말	中生代白垩纪末期	2014春	直译
지당판	池塘板	2014秋	直译
채전서	彩典署	2012春	直译
채화도	采花图	2014秋	直译
청량당	清凉堂	2014冬	直译
청일전쟁	甲午战争	2014春	意译
친일지주	亲日地主	2013秋	直译

원문	역문	출처	번역방법
통일신라	统一新罗	2012春	直译
포루	炮楼	2014冬	直译
필터담배	过滤嘴香烟	2013秋	直译
하느님	天帝	2012冬	直译
학생혁명	学生革命	2012秋	直译
한강의기적	汉江奇迹	2013春	直译
한국전쟁	"六•二五"战争	2012秋	意译
	朝鲜战争	2013春	
	1953年"六•二五"	2014春	
현절사	显节祠	2014冬	直译
홍도화준	红桃花樽	2014秋	直译
화순옹주	和顺公主	2013秋	直译
환웅	桓雄	2012冬	直译
훈민정음	训民正音	2012春	直译

원문	역문	출처	번역방법
전통공예			
12공방	十二工坊	2012冬	直译
갓일	斗笠编结	2012夏	意译
무쇠장석	铸铁饰件	2012冬	直译
검은색 막	黑翳	2012春	意译
고물상	古玩商	2013秋	直译
고서화	古书画	2012春	直译
궁궐목수	宫廷木工	2013秋	直译
궁중채화	宫廷彩花	2014秋	直译
금빛황동장석	金色的黄铜饰件	2012冬	直译
금속공예	金属工艺	2014秋	直译
기와	瓦璋	2013春	意译
꼭두	木偶	2014秋	直译
나전장	螺钿制作匠	2012夏	直译
나전칠기	螺钿漆器	2012冬	直译
주석장석	锡饰件	2012冬	直译
다남	多子	2014冬	直译
골무	顶针	2014秋	直译
독락당	独乐堂	2013秋	直译
두깨	棒槌	2014秋	直译
두석	1、镀铜 2、饰件	2012夏	直译
두석장	饰件匠	2012冬	直译
등좌	马鞍	2013秋	直译
떡살	糕饼模子	2014冬	直译
마사토	磨砂土	2013秋	直译
매듭장	结艺匠	2012夏	直译

원문	역문	출처	번역방법
목공예	木工艺	2014秋	直译
무명길쌈	粗布手工纺织	2012秋	意译
밀랍	蜜臘	2014秋	直译
배첩	装裱	2012春	直译
배첩장	装裱匠	2012春	直译
백동막대기	白铜条	2012冬	直译
백동장석공예	白铜饰件工艺	2012冬	直译
백동판	白铜板	2012冬	直译
병풍	屏风	2012春	直译
봉어 자물쇠	鲫鱼锁(可以守护财产)	2012冬	直译
비단꽃	丝绸花	2014秋	直译
비색청자	翡色青瓷	2013春	直译
백동장석	白铜饰件	2012冬	直译
사리함	舍利盒	2013冬	直译
사화	赐花	2014秋	直译
상화	床花	2014秋	直译
생화꽃꽂이	鲜花插花	2014秋	直译
섬유공예	纤维工艺	2014秋	直译
세계유산	世界文化遗产	2014冬	直译
세로살창(주마창)	窗格(走马窗)	2013秋	意译+直译
송화	松花	2014秋	直译
수복	福寿	2014冬	直译
양잿물	碱水	2012春	直译
옹기장인	瓮器匠	2012秋	直译
자수	刺绣	2012冬	直译
장독대	酱缸	2013秋	直译
장석	铜活兒	2012冬	直译

원문	역문	출처	번역방법
족자	画框	2012春	直译
줄광대	走绳表演	2012夏	意译
철물	铁艺	2013秋	直译
청자	青瓷	2013春	直译
칼라블록	色块拼接	2012冬	直译
퀼팅(또는patchwork)기법	碎布缝制技法	2012冬	意译
한글	韩字	2012春	直译
한옥목수	韩屋木匠	2013秋	直译
한지	高丽纸	2012春	意译
해태석상	獬豸石雕	2012冬	直译
향연	飨宴	2014秋	直译
화첩	蝴蝶	2012冬	直译

원문	역문	출처	번역방법
문학작품 · 애니메이션			
<경국대전>	《经国大典》	2012春	直译
<난중일기>	《乱中日记》	2012夏	直译
<서른, 잔치는 끝났다>	《三十岁宴散》	2013冬	直译
<석북집(石北集)>	《石北集》	2014夏	直译
<소중한 날의 꿈>	《珍贵日子的梦想》	2012春	直译
<영원한 이방인>	《说母语的人》	2014春	意译
<조선민요아리랑>	《朝鲜民谣阿里郎》	2013秋	直译+音译
「날개」	《翅膀》	2012春	直译
「너의 변신」	《你的蜕变》	2014冬	直译
「어부사시사」	《渔夫四时词》	2013秋	直译
『반지의 제왕 (The Lord Of the Rings)』	《魔戒》	2014冬	意译
『보길도지(甫吉島識)』	《甫吉岛识》	2013秋	直译
『양말 줍는 소년』	《拾襪子的少年》	2014冬	直译
『에비터젠의 유령』	《艾比托真的幽灵》	2014冬	音译+直译
『오후 다섯 시의 외계인』	《下午五点的外星人》	2014冬	直译
『절망의 구』	《绝望的球》	2014冬	直译
『주역』	《周易》	2013秋	直译
『고려도경』	《高丽图经》	2014春	直译
『가족』	《漂浮》	2014春	意译
『고려사(高麗史)』	《高丽史》	2013冬	直译
『고려사절요(高麗史節要)』	《高丽史节要》	2013冬	直译
『관자』	《管子》	2014春	直译
『길 떠나는 가족』	《流浪家族》	2012冬	意译
『날아라 슈퍼보드』	《飞吧，超级板!》	2012春	直译

원문	역문	출처	번역방법
『남명소승(南溟小乘)』	《南溟小乘》	2014夏	直译
『내 밥상 위의 자산어보』	《我饭桌上的兹山鱼谱》	2012夏	直译
『노동의 새벽』	《劳动的黎明》	2013冬	直译
<눈>	《雪》	2013冬	直译
<뉴요커>	《纽约人》	2014春	直译
<다락방의 부처>	《阁楼里的佛》	2014春	直译
<단종실록(端宗實錄)>	《端宗实录》	2013冬	直译
<달려라 하니>	《快跑，亲爱的》	2012春	直译
<덤불속의 재>	《丛林中的灰烬》	2012春	直译
<돼지의 왕>	《猪王》	2012春	直译
<로보트 태권 V>	《机器人跆拳V》	2012春	直译
<마리 이야기>	《美丽物语》	2012春	音译+意译
<매천야록>	《梅泉野录》	2013秋	直译
<목마와 숙녀>	《木马与淑女》	2013冬	直译
<백령지>	《白翎志》	2014春	直译
<삼국사기>	《三国史记》	2014春	直译
<삼국지연의>	《三国演义》	2014秋	直译
<생존자>	《幸存者》	2014春	直译
<성종실록(成宗實錄)>	《成宗实录》	2013冬	直译
<세종실록 지리지>	《世宗实录.地理志》	2014春	直译
<수로, 꽃예술첫걸음>	《水路，花艺第一步》	2014秋	直译
<순조실록>	《纯祖实录》	2014夏	直译
<십년을 경영하여>	《十年经营》	2014春	直译
<아기공룡 둘리>	《小恐龙多莉》	2012春	直译+音译
<아리랑 시원설 연구>	《阿里郎始源说研究》	2013秋	直译

원문	역문	출처	번역방법
<어머니>	《母亲》	2012冬	直译
<억척어멈과그의자식들>	《大胆妈妈和她的孩子们》	2012冬	直译
<여지도서>	《余地图书》	2014冬	直译
<영혼과물질>	《靈魂与物质》	2012冬	直译
<오구>	《慰靈》	2012冬	意译
<이런 만조에 (On Such a Full Sea)>	《身处满潮》	2014春	意译
<자산어보(玆山魚譜)>	《兹山鱼谱》	2012夏	直译
<제스처 라이프>	《手势生活》	2014春	直译
<조선과건축>	《朝鲜和建筑》	2012春	直译
<조선민요아리랑>	《朝鲜民谣阿里郎》	2013秋	直译
<줄리어스 시저>	《尤利乌斯·凯撒》	2014春	音译
<지봉유설(芝峰類說)>	《芝峰类说》	2013冬	直译
<질마재 신화>	《鞍岘神话》	2013秋	意译
<천년여우 여우비>	《千年狐》	2012春	直译
<택리지>	《择里志》	2014冬	直译
<파수꾼>	《破坏之王》	2012春	意译
<팔도아리랑기행1>	《八道阿里郎纪行1》	2013秋	直译
<풍운아 홍길동>	《风雲洪吉童》	2012春	直译
<함에담긴골무100개>	《盒子裏的100個顶针》	2014秋	直译
<혼불>	《魂火》	2013秋	直译
<홍길동>	《洪吉童》	2012春	直译
<남한산성>	《南汉山城》	2014冬	直译
<뉴웨이브의주역들>	《新浪潮的主角们》	2012春	意译
<마당을나온암탉>	《鸡妈鸭仔》	2012春	意译
<마시마로의 숲 이야기>	《流氓兔的丛林故事》	2012春	意译

원문	역문	출처	번역방법
<졸라맨>	《小矮人》	2012春	意译
<우비소년>	《雨衣少年》	2012春	直译
<짱깨소녀 푸카>	《中国女娃蒲佳》	2012春	意译+音译
<뽀롱뽀롱 뽀로로>	《小企鹅寶露露》	2012春	音译+意译
<대장금>	《大长今》	2012春	直译
<로보카 폴리>	《汽车機器人波利》	2012春	直译+音译
<장금이의 꿈>	《长今之梦》	2012春	直译
셀룰로이드필름	赛璐璐胶片	2012春	音译+直译
한국꽃예술문화사	《韩国花艺文化史》	2014秋	直译
해우소가는길	《走向解忧所之路》	2013秋	直译

한국어 문화어휘와 중국어 번역

초판 인쇄	2016년 10월 24일
초판 발행	2016년 10월 30일
지은이	서 준(徐俊)
발행인	김인철
총괄 · 기획	가정준 Director, University Knowledge Press
편집장	신선호 Executive Knowledge Contents Creator
도서편집	김민정 Contents Creator
	진수연 Contents Creator
전자책편집	최인우 Chief e-Contents Creator
마케팅	곽용창 Chief Marketing Creator
재무관리	김은혜 Managing Creator
발행처	한국외국어대학교 지식출판원 02450 서울특별시 동대문구 이문로 107 전화 02)2173-2493~7 팩스 02)2173-3363 홈페이지 http://press.hufs.ac.kr 전자우편 press@hufs.ac.kr 출판등록 제6-6호(1969. 4. 30)
디자인 · 편집	디자인퍼브 02) 2254 4308
인쇄 · 제본	네오프린텍(주) 02)718-3111

ISBN 979-11-5901-182-5 93720 정가 18,000원

*잘못된 책은 교환하여 드립니다.

HUiNE은 한국외국어대학교 지식출판원의 어학도서, 사회과학도서, 지역학 도서 Sub Brand이다. 한국외대의 영문명인 HUFS, 현명한 국제전문가 양성(International +Intelligent)의 의미를 담고 있으며, 휴인(携引)의 뜻인 '이끌다, 끌고 나가다'라는 의미처럼 출판계를 이끄는 리더로서, 혁신의 이미지를 담고 있다.